中国建筑工业出版社学术著作出版基金项目
投资项目实践系列丛书

项目决策

——项目投资开发全过程管理

Investment Decision

——Life Cycle Management of Project Investment and Development

曾肇河　赵永辉　夏小敏 ◎ 编著

中国建筑工业出版社

图书在版编目（CIP）数据

项目决策：项目投资开发全过程管理 = Investment Decision:
Life Cycle Management of Project Investment and Development / 曾肇
河，赵永辉，夏小敬编著. — 北京：中国建筑工业出版社，2020.10（2023.2重印）
（投资项目实践系列丛书）
ISBN 978-7-112-25365-4

Ⅰ. ①项… Ⅱ. ①曾…②赵…③夏… Ⅲ. ①投资决策—项目
决策 Ⅳ. ① F830.59

中国版本图书馆CIP数据核字（2020）第149027号

本书根据西方管理学的理论和作者多年从事投资与融资管理的经验，对公司的项目投资管理中十分重要的业务环节进行了全面、深入浅出地介绍和论述。全书共12章，从项目投资概述、经济形势分析判断、项目策划、项目投资选择、项目投资论证、项目公司治理、项目建设、项目运营维护、组织与领导、监督与考核、风险管理等项目投资全生命周期各方面进行深入讨论。介绍了公司项目投资的基本理论、投资模型、投资分析的具体方法、融资的常用方式，而且为了帮助读者理解本书的内容，提供了项目投资案例。本书对公司的项目投资管理具有理论和实践指导意义。

责任编辑：周方圆　封　毅
责任校对：张　颖

投资项目实践系列丛书

项目决策
——项目投资开发全过程管理
Investment Decision
——Life Cycle Management of Project Investment and Development
曾肇河　赵永辉　夏小敬　编著

*

中国建筑工业出版社出版、发行（北京海淀三里河路9号）
各地新华书店、建筑书店经销
北京点击世代文化传媒有限公司制版
北京建筑工业印刷厂印刷

*

开本：787毫米×1092毫米　1/16　印张：12½　字数：203千字
2020年12月第一版　2023年2月第三次印刷
定价：48.00元
ISBN 978-7-112-25365-4
（36348）

前　言

　　投资是指国家或企业以及个人为了特定目的，与对方签订协议，促进社会发展，实现互惠互利、输送资金的过程。又是特定经济主体为了在未来可预见的时期内获得收益或是资金增值，在一定时期内向一定领域投放足够数额的资金或实物的货币等价物的经济行为。可分为实物投资和证券投资。前者是以货币投入企业，通过生产经营活动取得一定利润；后者是以货币购买企业发行的股票和公司债券，间接参与企业的利润分配。

　　众所周知，公司盛衰成败，取决于战略管理。而战略管理的成功与否，又取决于投资管理和融资管理的水平。比如，发达国家之所以发达，其中重要的一点就是发达国家的企业会投资、会融资，拥有强大金融市场支撑，敢于冒险创新，善于发掘投资机会。我们要振兴中华，也要在全球范围内寻找投资的机遇，在全球的资本市场上获取资金，这才是最大限度地利用全球化。国家振兴如此，企业振兴发展也是如此！

　　本书根据西方管理学的理论和笔者多年从事投资与融资管理的经验，对公司的项目投资管理中十分重要的业务环节进行了全面而且深入浅出的介绍和论述。全书共12章，从项目投资概述、经济形势分析判断、项目策划、项目投资选择、项目投资论证、项目公司治理、项目建设、项目运营维护、投资回收与项目退出、组织与领导、监督与考核、风险管理等项目投资全生命周期各方面进行深入讨论。本书不但介绍了公司项目投资的基本理论、投资模型、投资分析的具体方法、融资的常用方式，涉及项目投资的方方面面，而且为了帮助读者理解本书的内容，提供了一些项目投资案例。本书所介绍的理论、方法和案例，都是笔者在工作实践中运用过或系统研究过的，对公司的项目投资管理具有重要的理论和实践指导意义。

　　本书可作为公司董事长、总经理、财务总监等高层管理人员，从事公司投资与融资管理的业务人员，从事公司管理相关的业务人员，以及高等院校相关专业师生参考。

希望本书能对项目投资感兴趣的读者提供力所能及的帮助。由于作者水平有限，疏漏之处在所难免，在此恳请读者批评指正。

目 录

01 第1章
概述

投资决策是指投资主体在调查、分析、论证的基础上，对投资活动所做出的最后决断。按层次不同，可分为宏观投资决策和微观投资决策。

宏观投资决策是指从国民经济综合平衡角度出发，对影响经济发展全局的投资规模、投资使用方向、基本建设布局、重点建设项目、投资体制、投资调控手段和投资政策、投资环境的改善等内容做出抉择的过程。宏观投资决策直接影响到经济持续、稳定、协调、高效地发展，在整个宏观经济决策中具有举足轻重的地位。它的失误往往是国民经济大起伏、大调整的最直接的原因。

微观投资决策亦称"项目投资决策"，是指在调查、分析、论证的基础上，对拟建工程项目进行最后决断。项目投资决策涉及建设时间、地点、规模、技术上是否可行、经济上是否合理等问题的分析论证和抉择，是投资成败的首要环节和关键因素。

微观投资决策是宏观投资决策的基础，宏观投资决策对微观投资决策具有指导作用。

1.1　项目的定义

项目（Project Management）是指一系列独特的、复杂的，并相互关联的活动。这些活动有着一个明确的目标或目的，必须在特定的时间、范围、质量、成本、资源约束内，依据规范完成。美国项目管理协会（Project Management Institute，PMI）在其出版的《项目管理知识体系指南》中为项目所做的定义是：项目是为创造独特的产品、服务或成果而进行的临时性工作。

1.1.1　项目类别

（1）计划举行一项活动：①小型活动，例如，自驾游、国内外旅游；②大型活动，例如，策划、组织婚礼、大型国内及国际会议等。

（2）开发一项新产品，例如，新款式服装、新款式手机；企业资源计划（Enterprise Resource Planning，ERP）的咨询、开发、实施与培训。

（3）工程建设项目：长江三峡工程、青藏铁路工程、高速铁路工程、蛟龙号载人潜水器工程、航空母舰工程、开发区、单体项目等。

（4）航空航天：美国阿波罗登月计划、曼哈顿计划，中国"两弹一星"、神舟飞船、嫦娥工程等。

1.1.2　项目的基本特征

（1）项目开发是为了实施一个或一组特定目标。

（2）项目要综合考虑范围、时间、成本、质量、资源、采购、沟通、风险及相关等知识领域的契合。

（3）项目的复杂性和一次性。

（4）项目是以客户为中心的。

（5）项目是要素的系统集成。

1.2　决策

决策是指决定的策略或方法，是人们为各种事件出主意并做决定的过程。它是一个复杂的思维操作过程，是信息搜集、加工，最后作出判断以及得出结论的过程。从心理学的角度来看，决策是人们思维过程和意志行动过程相互结合的产物。没有这两种心理过程的参加，无论何人也是做不出决策的。因而，决策既是人们的一个心理活动过程，又是人们的行动方案。

1.2.1 决策的含义

决策一词最早出现于《韩非子·孤愤》中，"智者决策於愚人，贤士程行於不肖，则贤智之士羞而人主之论悖矣"。对于工程决策，宋朝曾巩在《宋朝政要策·黄江》中说，"然水之为迹，难明久矣，非深考博通，心知其详，固难以臆见决策举事也"。意思是对黄江的治理，如果不深入调查研究、弄清水流规律，是很难做出正确决策进行治理的。

美国著名经济学家、诺贝尔经济学奖得主赫伯特·西蒙（Herbert A. Simon）认为：管理就是决策。基于系统理论、运筹学、计算机科学、行为科学等的综合运用，现代决策已经形成了较为完整的理论体系，包括决策的类型、准则、过程与方法。

1.2.2 基本原则

（1）在确定决策目标时运用：差距、紧迫和力所能及原则。

（2）准备备选方案时运用：瞄准和差异原则。

（3）方案选优时运用："两最原则"，即利益最大与弊失最小和可靠性最大与风险最小的原则。此外，还需要有应变性的预防措施，对可能出现的威胁的预测和对策的"预后"原则及时机原则。

（4）在决策后实施过程中运用：跟踪和反馈原则。

（5）在决策的全过程中必须运用：外脑和经济原则。

（6）系统原则。

（7）信息原则。

（8）可行性原则。

（9）满意原则。

1.2.3 基本特点

（1）科学决策是现代管理的核心，决策贯穿整个管理活动。

（2）决策是决定管理工作成败的关键。决策是任何有目的的活动发生之前必不可少的一步。不同层次的决策有大不相同的影响。

（3）科学决策是现代管理者的主要职责。

（4）决策系统的规模扩大。

（5）决策活动的频率加快。

（6）决策活动的信息量猛增。

（7）决策主体构成在变。

1.2.4 决策过程

一般决策过程包括：

（1）问题识别，即认清事件的全过程，确定问题所在，提出决策目标。

（2）问题诊断，即研究一般原则，分析和拟定各种可能采取的行动方案，预测可能发生的问题，并提出对策。

（3）方案确定，即从各种方案中筛选出最优方案，并建立相应的反馈系统。

1.2.5 决策分类

（1）按决策范围分为战略决策、战术决策和业务决策。

（2）按决策性能分为程序化决策和非程序化决策。

（3）按决策问题的可控难度分为确定型决策、不确定型决策和风险型决策。

1.2.6 决策能力

对决策者的能力要求：

（1）开放的提炼能力。

（2）超前的预测能力。

（3）准确的决断能力。

1.2.7 影响因素

（1）环境因素。

（2）组织自身的因素。

（3）决策问题的性质。

（4）决策主体的因素。

1.3　项目决策

理解了项目决策的概念、特点、原则等内容之后，我们来讨论项目决策。在这里，我们缩小范围来讨论。

1.3.1　概念

项目决策是对某项复杂的一次性的生产和工程项目进行投资决策。在企业中，项目一般是指技术上的比较复杂、工程量大和不确定因素多的生产和建设项目。在国民经济中，项目一般是指那些在某一经济部门中需要巨额投资、建设周期较长和对该部门经济效益有明显影响的建设项目。

1.3.2　原则

项目决策必须遵循的原则：

（1）坚持先论证后决策的程序。

（2）微观效益与宏观效益相结合，以国家利益为最高标准。

（3）与相关建设项目协调步骤的原则。做好项目间平衡衔接和配套，发挥整体投资效益。

（4）决策的法制性，决策者需承担决策责任原则。

1.4　管理体会

1.4.1　杜绝"三拍"

"三拍"即拍脑袋定项目，拍胸脯保获利、零风险，出问题就拍屁股走人。坚决反对有令不行、有禁不止、游离于规则之外以及上有政策、下有对策的行为。

1. 公司层面

（1）制度面前没有余地。

（2）按规范做事，用标准衡量。

（3）主动执行，快速执行，完整执行。

（4）恪守商业伦理，严守商业机密。

2.员工层面

（1）让标准成为习惯。

（2）讲原则，守纪律。

（3）律己助人，维护规则。

1.4.2　制度先行

1.构建"三图三表、两报两书"的投资决策体系

（1）根据项目追踪情况，构建商业模式图、合同体系图和融资结构图，即"三图"。

（2）在"三图"的基础上，搭建以投资估算表、盈亏平衡表和现金流量表为核心的成套财务测算表。

（3）根据项目的推进情况，撰写预可行性研究报告、项目建议书和工作计划书。

（4）在预可行性研究的基础上，形成可行性研究报告、项目建议书和工作计划书。

2.建立数据资源库

逐步建立项目数据信息库。按照项目总投资额、运作方式、回报机制、商务条件、投资回报等不同维度，分门别类地统计，搭建项目数据信息源。通过数据加工处理、信息比对分析等，为项目决策提供必要的参考。

1.4.3　推行项目经理负责制

所谓项目经理负责制，就是指企业内部按照经济责任制的原则，以项目合同书的形式确定项目经理与企业的责、权、利关系，项目经理按照企业规章制度在施工生产中履行其权利和义务，最大限度地优化配置各道工序，优质、高效、圆满地完成生产任务。

（1）项目经理要起好管理作用。

（2）项目经理要起好协调作用。

（3）具备处理压力和解决问题的能力。

（4）树立终身学习的理念，以"高人一筹"的标准要求自己。

1.4.4　严格考核，奖罚分明

在项目决策和管理实践中，发现过去的研究对政府审批程序、要求、工程技术工艺等方面研究得比较透彻，而且专业管理讲得多，主要原因可能是由于政府配置资源而形成的。如今市场配置资源占主导地位，则应该做到以下方面：

（1）整合优势资源。寻求优势资源，形成强强联合，获取竞争优势。

（2）快速分析投入产出经济效益。过去多为可批性，只要项目建成，效益在其次。现在是组合社会资本，各利害攸关方均有收获，项目才能成功。根据项目不同阶段，快速匡算、预测、预算出投入、产出数据以及各利益相关方的情况，项目才有凝聚力。为此，应收集、整理一系列经验参数。

（3）打造高效的项目团队。以项目经理为核心，组建专业优势互补、思想活跃、开放包容的团队，方可能征善战，成功拿到项目，获得商业机会，为公司的创业发展壮大建功立业！

归纳起来，就是要围绕项目，讲整合资源、投入产出和项目团队，进而公司的战略目标策略、经营管理策略和人员配置激励。管理制度必须围绕这些方面展开，方能成功。

02 第2章
形势分析判断

经济形势是指国家宏观经济的运行状况和走向，这是项目投资的市场环境基础。众所周知，项目投资成功与否的重要方面是对市场环境的把握。如果在外部环境状况若明若暗的情况下，盲目投资发展业务，则将给公司带来损失，投入越多，损失越大，乃至形成灾难性后果。对环境情况进行深入的分析，对于较为准确地预测环境变化趋势、基本把握未来环境的变化、避免造成投资损失，具有十分重要的意义。

2.1 国际形势分析

中美贸易战，从本质上看是利益之争，其本身不是目的而只是一种手段。因此，贸易战的爆发实际上是为了争取更多利益而进行的一个博弈过程。面对贸易战，要进行必要的有限反击。[①]

2.1.1 战略博弈

贸易战、中兴事件、封堵华为，是一个守成大国和一个崛起大国的结构性矛盾，是不可妥协的。贸易逆差、中兴不讲诚信、盗取知识产权、美国降关税给国人送福利等都是现象，准确地说都不是主要问题。没有矛盾是不可能的，只有在斗争中求平衡。

2.1.2 技术与市场的博弈

技术是美国最根本优势，市场是中国最大优势。技术必须卖给市场才可获取高额利润，并使技术持续发展，技术失去了市场必然衰退。而市场可以培育技术、创造技术、发展技术。芯片是人类目前唯一的最高级、最复杂的技术。美国芯片技术最发达，以此为立国之本，并独霸全球。中国是全球最大的芯片市场，市场可以换取技术，并且培育技术。技术斗不过市场。中美合作则双赢，斗则俱损。

2.1.3 国家意志的抗衡

发展高科技，国家意志是决定性因素。美国的阿波罗登月计划是举国之力，韩国的芯片战胜日本芯片是举国之力，中国的"两弹一星"、航母、北斗卫星是举国之力。大国不可能放弃发展高科技。前不久，中国召开了全国网络安全和信息化工作会议，标志着中国正以举国之力发展信息化产业，发展半导体，发展集成电路，发展芯片。中美的抗衡就是国家意志的对峙，只能由实践来回答。

---

① 戴翔，张二震，王原. 特朗普贸易战的基本逻辑、本质及其应对 [EB/OL]. 南京市社会科学院 . [2018-04-23]. http://ass.nanjing.gov.cn/skw/26198/26199/201804/t20180423_5375353.html.

2.2 中国形势分析

2.2.1 中国改革开放四十年

2018 年是改革开放 40 年，走过这漫长而又短暂的 40 年，中国发生了举世瞩目及翻天覆地的变化，展望未来我们也激情满怀。就如习近平总书记说的那样："我们要以庆祝改革开放 40 周年为契机，逢山开路，遇水架桥，将改革进行到底。"

1. 主要指标

回首过去，这 40 年全国人民只争朝夕，开拓进取，取得了令人惊喜的进步。改革的路途虽然艰辛，但是收获却丰硕无比。

（1）经济总量：1978 年，中国经济总量在全球占到了 1.8%，是一个看上去非常庞大的，但同时极其贫穷、或者说微不足道的落后国家，今天我们是全球第二大经济体，经济总量已经占到了全球的 14.8%。

（2）人均 GDP：40 年前，我们的人均 GDP 只有 384 美元，在全球 200 多个国家中排在倒数第七位。2019 年，中国人均 GDP 超过 1 万美元，已经达到了中等收入国家水平。

（3）恩格尔系数（食品支出总额占个人消费支出总额的比重）：40 年前，我们仅有 6% 的支出用于购买食物。如今，中国老百姓已有约 40% 的支出用于食品，60% 用于提高我们的生活质量，用于更多地满足我们美好生活需要的商品。

（4）200m 以上的高楼：40 年前，中国最高的大楼也未超过 200m。目前全世界最高的摩天大楼中有 80% 位于中国。

（5）企业：40 年前，中国没有私营企业，全部都是国有企业，也没有世界五百强。2019 年世界五百强中中国的企业数量已经达到了 129 家，历史上首次超过美国（121 家），其中 22 个民营企业上榜。

（6）国民富裕程度：1978 年，中国人均生产总值仅为 54 美元，全中国人民几乎一样贫穷。截至 2019 年末，人均生产总值突破 1 万美元，中国的中产阶层人口数量已突破 4 亿人。这比除了美国（家庭年收入 3 万 ~ 20 万美元为中产阶级，占总人口的 80%）以外，任何发达国家的人口都要多。

（7）新兴消费：全球每年奢侈品 70% 的购买者是中国消费者，且这批购买奢侈品的消费者平均年龄 39 岁。而美国奢侈品消费者的平均年龄比我们要大 15 岁。此外，美国网民的平均年龄比中国大 5 岁，从这个意义上讲，中国起码是一个比美国年轻 10 岁的国家。

（8）汽车：1978 年，中国的年汽车产销量仅为 10 万辆，但今天，汽车成了中产阶层家庭的标配。2018 年，国内汽车产销分别完成 2780.9 万辆和 2808.1 万辆。

2. 改革开放

水大鱼大！所谓水就是经济环境、制度环境，所谓的鱼就是企业。中国经济变革有四大动力：一是制度创新，中国的制度创新不是顶层设计的结果，所有的改革都是从破解并提高资源配置效率开始的；二是容忍非均衡，中国从集体贫穷到容忍一种非均衡的发生，允许一部分人先富起来；三是巨国效应，中国的人口红利让很多企业形成了巨大优势，中国人每年吃掉 70 多亿只鸡、6 亿头猪；四是技术破壁。任何国家不断进步迭代，依靠的是两种能力——制度和技术。制度是可逆的，是旋转门，要把握好；技术不可逆，互联网技术让金融产业变革、通信产业变革、媒体产业变革。

20 世纪 80 年代，全球产业大转移，欧美地区、国家劳动力成本提高，能源价格上涨，白领人口增加，没有人愿意做工厂，怎么办呢？这个时候，中国打开了国门，把大量的工厂腾挪到亚洲地区。

到了 20 世纪 90 年代中期，中国劳动力成本也开始提高，制造业开始出现饱和，这时候出现了互联网。中国又赶上了工业革命的末班车、互联网革命的头班车。之后，互联网发起了一次又一次的冲击，改变了人和消费的关系、人和商品的关系、人和服务的关系、人和金融的关系、人和资本的关系。

在全球制造业产能过剩的背景下，中国又出现了中产崛起和供需错配。于是商业模式发生了改变。

当时代机遇到来之后，真是锐不可当。万物肆意生长，尘埃与曙光升腾，江河汇聚成川，山丘崛起为峰，天地无比开阔。人们活跃其间，八仙过海，各显神通。

3. 发展成就

40 年成就辉煌，为此作出重大贡献的人群，我们需要向他们致敬！

第一是进城务工人员。中国的 2.3 亿进城务工人员做出了很大贡献！

第二是企业家。现在中国拥有 2000 万家私营企业，几十年来，企业家改变了自己的命运，同时改变了国家。

第三是地方执政者。香港经济学家张五常所著《中国经济制度》书中提出，中国的地方政府公司主义，市长、市委书记把一个地方当作公司来做，他们就是董事长、总经理、CEO。他们背着 KPI，背着 GDP 和财政收入。

第四是创业者。2018 年诞生了 360 万家新注册的企业，中国每天有 1 万家企业创业。95% 会在 18 个月内死掉，生得多，死得也多。有人批评不道德，创业者心理素质往往很好。创业者即使企业关了，人还是很健康。这些人，都是拿着自己的生命、时间在创业过程中锤炼自己，不停地选择自己的人生道路，这对中华民族人员素质的提升起了不可估量的作用。笔者是这 40 年的亲历者，没有虚度年华！

2.2.2　中国的基本特点

1. 统一

中国有 14 亿人口，是一个统一的整体、一个统一的市场。中国国土面积大，人口众多，制度统一，市场统一，使用同一种语言，是全世界唯一的（表 2-1）。

中国与各大洲面积与人口比较　　　　　　　　　　　　　　　表 2-1

国家和地区	数量	国土面积（km²）	人口
欧洲	44	1016 万	7.4 亿
非洲	56	3020 万	10 亿
北美洲	23 个国家，13 个地区	—	5.5 亿
中美洲	7 个国家	52.328 万	2537 万
中国	—	960 万	14 亿

美国国土面积大，人口适中，制度、市场统一。欧洲人口多，面积大，制度、市场不统一。欧美虽然用统一的英语，但内部还是存在很多不统一。俄罗斯、加拿大等国国土面积大，但人口少。南亚，每个国家面积小，人口多，制度、市场不统一。

2. 稳定

中国是世界上最稳定的国家之一，并提出了社会主义初级阶段分"三步走"的战略目标：

第一步，从 1981 年到 1990 年，国民生产总值（GDP）翻一番，实现温饱；

第二步，从 1991 年到 20 世纪末，国民生产总值，再翻一番，达到小康；

第三步，到 21 世纪中叶，国民生产总值再翻两番，达到中等发达国家水平。

中国政治稳定，社会稳定，所以政策可以稳定。制定长达 50 ~ 70 年的战略目标，人类历史上未曾有过。已经有 40 年的经验证明，中国的奋斗历程是压缩时空式，确定的目标都逐步提前实现，正因如此，我们对未来更加踌躇满志。而西方国家没有一个敢讲 10 年以后的发展规划，因为 5 年以后，执政党可能已经被另外一个党派所取代。

3. 基建领先

中国基础设施建设的赶超速度和能力的确令世界为之惊叹，在高铁、高速公路建设上，我们已居世界第一。无论是高铁、高速公路、机场，还是各省市之间的贯通，基础建设之完美、之完善、之先进，是全世界羡慕的。中国钢筋水泥等原材料生产能力超过全世界的一半，可想未来中国的基建将建设得更加完善，生产能力也越来越强，超越欧美的大型基础设施和商业基础设施，但在运营和管理方面同西方还有相当大的差距。目前，中国的陆地资源优先得到了开发，海洋资源、空域资源这些方面未来的前景广阔。

4. 技术创新

中国人首先考虑的是有没有机会，欧洲首先考虑的是会带来什么麻烦。展望未来，更多的技术革命接踵而来，新能源革命、材料革命和基因革命等，这些革命跟中国的资本和内需的增长发生了重大应和。于是，新的商业模式将会是怎么样的呢？笔者没有答案，答案在何处？在世界，在中国，在中国人民的脑中、手中、腿上！

2.3 城镇化发展分析

改革开放 40 年来，中国城镇化率每年增加 1 个百分点，创造人类奇迹！

中国常住人口城镇化率从 1978 年的 17.9% 上升到 2018 年的 59.58%，城市人口从 1.7 亿人增至 8.3 亿人，每年城镇新增人口 2100 万人，相当于欧洲一个中等收入国家的人口。

我国 13 个省份的城镇化率超过了全国平均水平，10 个省份超过了 60%，几大直辖市平均城镇化率超过 80%，达到了发达国家水平。京津冀、长江三角洲、珠江三角洲三大城市群，以 5.2% 的国土面积集聚了 23.0% 的人口，创造了 39.4% 的国内生产总值，成为带动我国经济快速增长和参与国际经济合作与竞争的主要平台（表 2-2）。

部分城市、地区的城镇化率　　　　　　　　表 2-2

序号	城市、地区	城镇化率
1	上海	87.6%
2	北京	86.5%
3	天津	83.0%
4	广东	69.2%
5	珠三角	84.9%
6	江苏	67.7%
7	辽宁	67.4%
8	浙江	67.0%
9	闽、渝、蒙	60.0%

2.3.1　城市建成区面积不断扩大

2016 年末，全国设市城市 657 个，比 1978 年的 194 个增长了 2.4 倍。其中，直辖市 4 个，地级市 293 个，县级市 360 个。城市城区户籍人口 4.03 亿人，暂住人口 0.74 亿人，建成区面积 5.43 万 km²（表 2-3、图 2-1）。

城市建成区的发展　　　　　　　　表 2-3

名称	1978 年	2016 年	增幅
城市数量（个）	194	657	3.4 倍
建制镇数量（个）	2182	20515	9.4 倍
城市建成区面积（km²）	7438	54348	6.0 倍

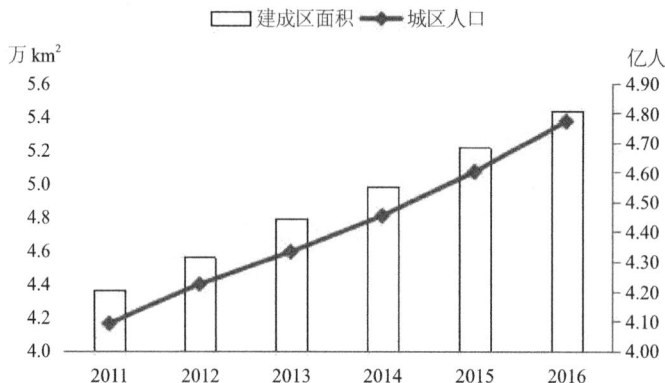

图 2-1 2011—2016 年城市建成区面积和城区人口

2.3.2 城市建设与生态环境逐步改善

（1）城市市政公用设施固定资产投资。2016 年，完成城市市政公用设施固定资产投资 17460 亿元。其中 2016 年按行业分城市市政公用设施固定资产投资见图 2-2。

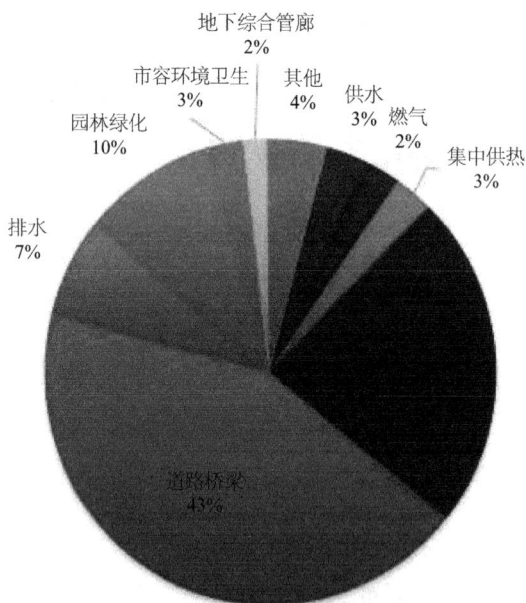

图 2-2 2016 年按行业分城市市政公用设施固定资产投资

（2）城市供水和节水。2016 年末，城市供水综合生产能力达到 3.03 亿 m³/ 日，供水管道长度 75.7 万 km，年供水总量 580.7 亿 m³，用水人口 4.7 亿人；城市节约用水 57.6 亿 m³，节水措施总投资 29.5 亿元。

（3）城市燃气与供热。2016 年，人工煤气供气总量 44.1 亿 m³，天然气供气总量 1171.7 亿 m³，液化石油气供气总量 1078.8 万 t。用气人口 4.57 亿人，燃气普及率 95.75%，比 2015 年增加 0.45 个百分点。

城市供热能力（蒸汽）7.8 万 t / 小时，供热能力（热水）49.3 万 MW，供热管道 21.4 万 km，集中供热面积 73.9 亿 m²。

（4）城市轨道交通。2016 年年末，全国 30 个城市建成轨道交通，线路长度 3586km；车站数 2383 个，其中换乘站 541 个，配置车辆数 1.93 万辆。全国 39 个城市在建轨道交通，线路长度 4870km（表 2-4）。

2011—2016 年城市轨道交通　　　　　　　　　　　表 2-4

年份	建成轨道交通的城市个数（个）	建成轨道交通线路长度（km）	正在建设轨道交通的城市个数（个）	正在建设轨道交通线路长度（km）
2011	12	1672	28	1891
2012	16	2006	29	2060
2013	16	2213	35	2760
2014	22	2715	36	3004
2015	24	3069	38	3994
2016	30	3586	39	4870

（5）城市道路桥梁。2016 年末，城市道路长度 38.2 万 km，道路面积 75.4 亿 m²，人均城市道路面积 15.8m²，全国城市新建地下综合管廊 1791km，形成廊体 479km（表 2-5）。

2011—2016 年城市道路长度、面积　　　　　　　　表 2-5

年份	城市道路长度（万 km）	城市道路面积（亿 m²）
2011	30.9	56.2
2012	32.7	60.7
2013	33.6	64.4
2014	35.2	68.3
2015	36.5	71.8
2016	38.2	75.4

（6）城市排水与污水处理。2016 年末，全国城市共有污水处理厂 2039 座，日处理能力 1.5 亿 m³。城市年污水处理总量 449 亿 m³，城市污水处理

率 93.44%。城市再生水日生产能力 2762 万 m^3，再生水利用量 45.3 亿 m^3。

（7）城市园林绿化。2016 年年末，城市建成区绿化覆盖面积 220.4 万 hm^2，建成区绿化覆盖率 40.30%，建成区绿地面积 199.3 万 hm^2；公园绿地面积 65.4 万 hm^2，人均公园绿地面积 $13.7m^2$。

（8）国家级风景名胜区。2016 年末，全国共有 225 处国家级风景名胜区，风景名胜区面积 10.9 万 km^2，全年接待游人 8.9 亿人次。

（9）城市市容环境卫生。2016 年末，全国城市道路清扫保洁面积 79.5 亿 m^2，清运生活垃圾 2.17 亿 t，全国城市共有生活垃圾无害化处理场（厂）940 座，处理量 1.97 亿 t。

2.3.3 城市经济和居住水平快速提高

1988—2014 年，我国城市地区生产总值平均增速达 12%，比全国 GDP 年均增速高 2.4 个百分点。截至 2015 年末：

（1）产生于城市的经济总量占比 80% 以上；

（2）生活在城市的人口占比 50% 以上；

（3）在城镇实现消费 86% 以上；

（4）在城镇就业的劳动力 51% 以上；

（5）在城镇发生的投资占比 90% 以上；

（6）在城镇投放的信贷 66% 以上。

城市居民住房水平显著提升，速度之快在人类历史上也是不多见的。1978 年我国人均住宅面积为 $6.7m^2$，2015 年为 $33m^2$，增长了近 4 倍，同期城市人口增加了 3 倍。2008—2015 年，全国累计新建各类保障房、棚户区改造住房 5000 万套，解决了上亿群众住房困难问题。

2.3.4 都市圈与城市群

1. 都市圈、城市群内涵

都市圈概念起源于 1990 年的日本，是指由中心都市及其周边地区构成的区域，即人口在 10 万以上的中心都市及其周边的日常生活区域。

关于周边地区范围划定的标准，通常以通勤、通学指标为判断依据，即包括在中心都市上班、上学的人数占本地区总人口（常住人口）15% 以上的市镇村。可以这么说，都市圈中的城镇，是一体化的城市集合，是一日通勤圈、生活圈、购物圈和日常活动圈。其交通需求特征是每天的、频繁的生产与生活出行需求，呈现明显的峰值特性与高频度特性。

而城市群是城市发展到成熟阶段的空间组织形式，是在地域上集中分布的若干都市圈、大城市和中小城市集聚而成的庞大的、多核心、多层次的城市集团，是生产要素、空间资源和流通市场一体化优化的空间区域。一般来讲，城市群的总人口规模超过 2500 万人，人口密度大于 250 人 /km^2。同都市圈的人员交流密集相比，城市群之间更突出的是生产资料、半成品和产品之间的货物运输需求以及商务、旅游等客流移动需求。

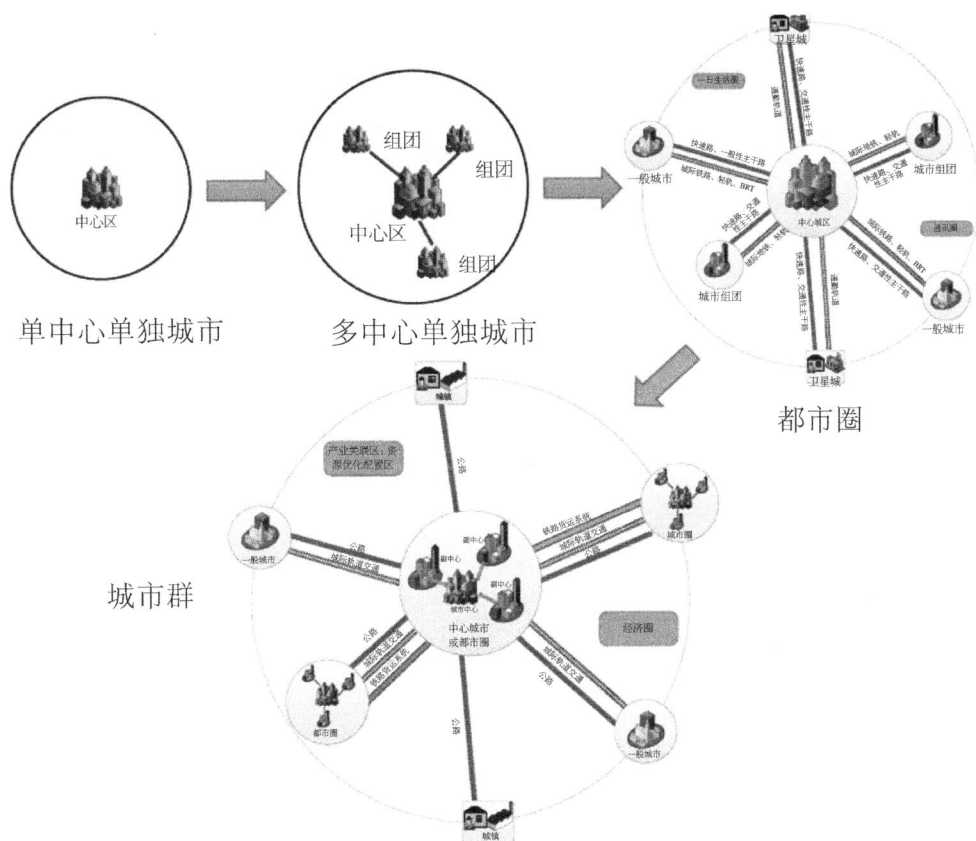

图 2-3 单独城市、都市圈及城市群

2. 都市圈的规模

都市圈存在合理规模，通勤半径规模应控制在 30km 半径的范围内，这也是避免现代城市病的根本。国内外的长期研究表明，在频繁的生活出行中，人们希望最长通勤时间不超过 1 小时。而这 1 小时，是指门到门的全程出行时间，而不单单是主通道的出行时间，这一点十分关键。实际上，建立 1 小时交通圈，轨道上的交通时间应控制在 30 ~ 40 分钟，这就必须限定都市圈的规模。

另外，实现 1 小时通勤对交通方式要求很高。城市需要以地铁轻轨和公共汽车交通构成通勤圈，以城际铁路交通沟通城市群，以航空交通联系 1000km 以上空间地域。从生态发展、环保节能、绿色低碳等原则考虑，同样应该把都市圈限定在最多 30km 半径以内范围。

2.4 中国未来 10 年到 20 年的机会

2.4.1 坚持市场化改革方向

经过 40 年的改革开放，尤其党的十九大以来，我国社会的主要矛盾已经由"人民日益增长的物质文化需要同落后的社会生产之间的矛盾"转化为"人民日益增长的美好生活需要和不平衡不充分的发展之间的矛盾"。以这一转变为基础，中国特色社会主义进入一个新时代。新时代，意味着新发展、新变革。在新时代，解决不平衡不充分问题，不但要解决好"人民日益增长的美好生活需要和不平衡不充分的发展之间的矛盾"，更要建设好现代化经济体系，全面提高经济和社会发展的质量，并充分体现其时代性。

进一步完善社会主义市场经济体制，强化市场在资源配置中的基础性作用，进一步释放市场活力。首先，必须坚持质量第一、效益优先，以供给侧结构性改革为主线，推动经济发展质量变革、效率变革、动力变革，着力构建市场机制有效、微观主体有活力、宏观调控有度的经济体制，提高全要素生产率；其次，着力加快建设实体经济、科技创新、现代金融、人力资源协同发展的产业体系，不断增强我国经济创新能力和竞争力；最后，必须坚定不移贯彻创新、协调、绿色、开放、共享的发展理念，激发全社会创造力和发展活力，解决不平衡不充分的发展问题，推动我国经济由高速增长转向高质量发展阶段。

2.4.2 中国的内需扩大

2018 年国内中等收入群体首次突破 4 亿人，过 15 年左右，会增长到 8 亿人，将会带来无穷的商机。

全国居民恩格尔系数的下降，说明非食品支出在消费中上升，这恰恰印证了消费从物质型转向服务型发展的大势所趋。近年来，冰雪旅游的走红，银发、亲子经济的火爆，康养、教育服务的飙升，正是消费"蛋糕"做好的表现。而且，我国服务消费已经占到国内居民消费支出比重的 40% 以上，昭示着我国服务消费发展潜力无限。

中央经济工作会议在提升产品质量、改善消费环境、增强消费能力等方面做出重要部署。继续落实好个税专项附加扣除政策，让百姓钱袋子"鼓起来"；打破供给短缺现状，加快服务业等领域市场开放，以供给侧结构性改革推进产品和服务升级，让百姓真正买得起、买得到、买得好，才是做大做好消费"蛋糕"的真谛。

2.4.3 中国经济必须全面数据化

中国正在从传统制造向数据制造转型的过程中，企业必须采用数据，把自己搬到互联网上去。当年，驾马车的反对开汽车的，用煤的企业反对用电的企业；现在，传统企业排斥互联网。但事实证明技术更新迭代，不以人的意志为转移。

未来大数据发展趋势为数据科学与人工智能的结合越来越紧密；机器学习继续成为大数据智能分析的核心技术；大数据的安全和隐私保护成为研究和应用热点；数据科学带动多学科融合；基础理论研究受到重视，但未见突破；基于知识图谱的大数据应用成为热门应用场景；数据的语义化和知识化是数据价值的基础问题；人工智能、大数据、云计算将高度融合为一体化的系统；基于区块链技术的大数据应用场景渐渐丰富；大数据处理多样化模式并存融合，基于海量知识仍是主流智能模式；关键数据资源涉及国家主权。

2.4.4 未来中国重点发展产业

未来目标是把我国的经济由现在的中低端优化调整为中高端结构。其衡量指标：第一，要求产业结构是中高端的；第二，技术对积极发展的贡献达 50% 以上；第三，经济体制是高效廉洁的。这三项改革是今后改革的重点内容。

1.大力推进产业结构改革

1）供给侧结构改革的概念及目标

供给是指一定价格条件下，愿意并可能出售的产品量；需求是一定价格下对商品的需要量。当两个"一定价格"一致时,供给与需求达到均衡。

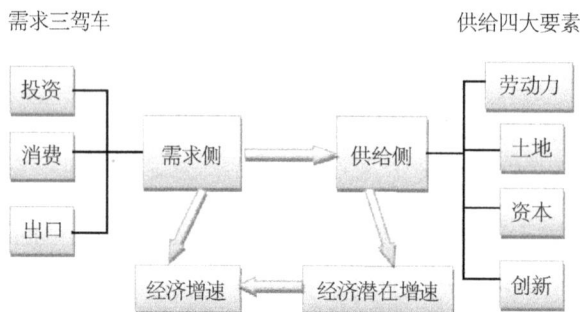

图 2-4　需求侧三驾马车与供给侧四大要素

凯恩斯学派强调通过需求管理来调剂经济周期,特别是在经济不景气时通过加大政府公共支出来保持经济的稳定,属于扩张性财政政策;古典学派和供给学派强调供给一方的作用,强调通过财政货币政策激励生产企业调整产品结构、提升产品质量,强调依靠技术进步和生产效率的提升来提高国民经济的供给能力。这些经济理论都是来自于对国民经济的总结归纳,并用于指导管理国民经济实践,取得了正反多方面的经验教训。需要针对一定时期国民经济的实际状况灵活运用。

目前,对我国增长贡献最大的三个产业:一个是传统制造业,一个是房地产业,一个是建筑业。这就是中低端经济结构的表现。

经济要调整为中高端结构,要求战略性新兴产业、服务业和现代制造业这三个新产业对整个增长的贡献达到 60% 以上。这个调整改革的过程,就是供给侧结构改革。关键是让原来的三大中低端产业能平稳着陆,让新的三大中高端产业形成发展支撑。

2)发展战略性新兴产业

战略性新兴产业的两个显著特点:一是市场需求很大,二是技术在短期内能突破。符合这两个特点,在中国又有可行性的,有八大战略新兴产业。

(1)新能源:水能、生物能、地能、风能、太阳能和核能六大类能源统称为新能源,均为非传统的化石(指煤炭、石油和天然气)燃料能源。全世界都在向新能源转变。中国在新能源领域,例如第三代核能、太阳能、水能等新能源,处于世界领先的地位。对地能的利用技术,也越来越成熟。

(2)新材料:所有产业部门的变革发生,都依赖材料革命。例如石墨烯可以突破电池容量，加快电动车的普及；可溶解塑料解决塑料污染。新材料，目前最领先的是英国和日本。

（3）生命生物工程：目前最领先的是美国，癌症的彻底解决有可能首先在美国实现；再如转基因之类的新事物，不要草率封杀它，允许人们研究试验，一旦试验成功，前途无量，这个市场是巨大的。

（4）信息技术及移动互联网：这是非常庞大的一个产业，而且与其他产业紧密相关。一方面是硬件设备，除华为外还没有大型的领先的龙头企业，整体我们比较滞后，2017年我们进口芯片4000亿美元，还值得加大投资；另一方面是终端应用，我们有腾讯、阿里巴巴等做得比较好的企业。

（5）节能环保：最终的出路是要靠技术，各种污染物的处理、环境治理最终依靠技术，目前尚没有领先企业去推动这个产业的发展。日本在节能环保方面，就有很多先进的技术。中国的企业总说没有什么好投资的，其实把日本先进的节能环保技术引进来就有很大的前景。

（6）新能源汽车：新能源汽车一定会代替现在的传统汽车。现在电动车的主要问题是电池容量不足，随着技术的进步，相信总有一天将取得突破。

（7）人工智能：估计3～5年时间，人工智能就会代替现在的很多工作。5G的商用将会大力推进人工智能的发展。这是中国未来要抓住的领域，要全球领先。

（8）高端装备制造：我们国家对各类高端设备的市场需求巨大，如医疗设备、工业机器人等，还需要加大投入，加快发展。

"十三五"期间，以上八大战略性新兴产业中的新一代信息技术、高端制造、生物、绿色低碳、数字创意五大战略性新兴产业将达到50万亿元以上的产值规模，平均每年带动新增就业100万人以上。从国家层面，未来将加大这些产业的发展力度，让其获得各类政策的支持。

3）发展现代大型制造业

凡是生产私人使用的产品，都归为传统制造业，而生产公共产品的是现代制造业。我国传统制造业严重过剩，而生产公共产品的现代制造业严重短缺。现代大型制造业有五个方面的内容：

一是航天器及航空制造，即卫星和飞机的制造。2018年底国家正式宣布，北斗导航系统正式向全球提供服务。大飞机C919马上商用，但美国和欧盟封杀我们，不给我们适航证。同时，我们还去和俄罗斯合作宽体大飞机。

二是高铁制造。这个领域中国已经全世界领先，不仅满足内部需求，还可以向世界各国出口。

三是核电装备制造。中国和法国合作的第三代核电已经商用，目前正在努力突破第四代核电。第三代核电解决没有水、没有电时核电仍然安全的问题。第四代核电是进一步解决核废料的问题。

四是特高压输变电装备制造，中国准备用特高压输变电技术应用，把全国统一联成一张电网。

五是现代船舶制造和海洋装备制造。中国要建立世界一流的远洋海军，需要现代船舶制造和海洋装备制造来支撑。

4）改造传统制造业

重点是用数字技术、互联网如何改造传统制造业、现代制造业。

5）发展服务业

经济要进入中高端水平，服务业将发展成最大的产业。预计我国有四大类重点发展的服务业。

（1）消费服务业：由餐饮、商贸、物流、养老等6个大类组成。我国人口近14亿，其中养老产业未来在中国有很大的需求，我们已经到了这个阶段。

（2）商务服务：又分为五大类：一是商业服务，从企业建立到歇业倒闭破产全程都有企业服务；二是金融服务；三是培训与咨询；四是家庭财产管理服务，又进一步分为货币类的金融资产管理服务和非货币资产管理，后者如字画、文物等；五是园区管理服务，国家已经宣布不再投资园区，这方面以后都将市场化。

（3）生产服务：是指直接为生产过程提供的服务，包括三个组成部分：一是技术服务；二是设计服务；三是外包服务。

（4）精神服务业：也称为文化产业，但国际上通行的名字是精神服务业。这个产业又细分为：一是影视音乐戏剧业；二是收藏、非物质文化遗产和博物馆产业，发展到了一定经济水平，收藏、非物质文化遗产会进一步发展；三是旅游休闲娱乐业；四是出版、文化、体育产业。

服务业未来是一个很重要的产业，以上四大服务产业发展起来，预计可以每年创造40万亿元的GDP。

2.大力推进技术创新

经济要从中低水平提高到中高水平，除了新产业对 GDP 的贡献比例提升到 60% 以上外，还要求技术对经济发展的贡献要占到全部要素贡献的 50% 以上，其中要素是指资本、劳动、管理和技术。美国约束中国的主要手段是技术控制。技术创新的关键是要建立非常良好的技术创新体系。

做好技术创新，需要一步一步积累，关键要做好的工作：

一是构建技术创新体制的法律基础。主要是指知识产权保护。如果不保护知识产权，是没有人搞创新的。美国硅谷文化是最自由的，知识产权保护也是最严厉的。中国现在已经在不断推进这方面的工作。最近在推进的商业改革，其中一部分重要的内容是加强对知识产权的保护。

二是强化支持技术创新的财力基础。美国的财富，很大部分用到了技术创新上，这是非常值得我们学习的。另外，完善的风险投资基金、资本市场也是支持技术创新的重要基础。

三是加强技术创新的物质基础。就是要建设一批现代化的实验室。1900 年以来诺贝尔奖 70% 以上在美国产生。因为美国有全世界最先进的科研设施，有全球最完整的实验室经济体系。实验室经济，建设庞大的实验室体系，是技术创新的重要物质基础。中国在这方面还很落后。美国在这方面开始对我们进行封锁。北京正在建设的怀柔科学城，规划建设五大类科学的现代实验室；东莞也还要建一个中子科学城。建成后，将对社会开放。深圳要建设一个中药的科学城和配套的实验室体系。

四是加强技术创新的人才基础。人类学和遗传学最深刻的道理是基因决定天赋，天赋决定能力。教育只是把天赋的能力开发出来。不要把教育万能化，能搞技术创新的精英是少数，教育的重点要把这批人开发出来。

教育的重点应该是让孩子的天赋充分释放。中国教育改革的主要方向是要给孩子一个充分释放天赋的空间，然后因材施教。教育的绝大部分应该是职业教育，极少数是精英教育。中国教育改革的重要任务是要让有技术和科学天分的人才充分释放出来。

所谓选择正确，就是你选择的职业和你的天赋是对应的。培养不出人才的重要原因是，把教育所有孩子当一样的来培训，这是极端错误的。重视技术人才，重视企业中高级管理人员。

3. 大力推进经济体制改革

我们国家的经济体制，出路在于推动经济体制改革。

经济体制改革的核心是政府体制的改革。政府现在的最突出问题是"既不撒手、也不干事"。还有就是人员多，人浮于事，薪酬偏低。政府体制的改革主要是政府简政放权，包括向社会放权、向市场放权和向企业放权。

一是向社会放权。承认和支持一些民间组织，让民间组织发挥作用，实现社会自我管理；现在已经放开了全球公认的 59 个民间组织，允许到中国来设分支机构。在放开外部民间组织进来的同时，对本地的也放开。目前已经放开慈善类、商会类、科学研究类、社区管理类民间机构。

二是向市场放权。凡是市场能解决的问题，让市场去管，政府不要再管。例如职业资格认证，以前政府去管，现在政府不管了，交给市场去管。

三是向企业放权。一是企业体制选择权。要办一个什么样的企业，由投资人决定，不再由政府决定。例如，企业资本金，以前政府要求实缴制，现在改为认缴制，由投资人自主决定。企业年审的要求，改为自主申报的年报制。现在《公司法》管得太多太细，公司内部的事，应该由公司章程去规定，估计未来将会修改《公司法》。

关于投资经营权。企业要投资什么、经营什么，过去是审批制。2018年底，国务院正式发布负面清单，分严格禁止类和行政许可类。以后，不在负面清单里的，都可以做。相当于用负面清单制代替审批制，把投资经营权交换给企业。

四是精简公务员队伍，适当提高薪酬。

五是体制改革的难点。政府体制改革的阻力是很大的。2017 年政府请第三方机构对简政放权的效果进行评估，反映改革的效果不理想。简政放权推动起来很困难，进展也慢。

现在的公务员是个人事项申报制，主要是财产申报，是为未来向全社会公开公务员个人财产做准备。推行这样的制度是保证公务员廉洁，限制公务员权利的重要基础。现在中央一级的规定已经很严格，未来还要逐步向基层推进。将来，当官和发财是两种不可兼得的选择。

03 第3章 项目策划

　　项目策划是一种具有建设性、逻辑性的思维的过程，在此过程中，总的目的就是把所有可能影响决策的决定总结起来，对未来起到指导和控制作用，最终借以达到方案目标。对环境情况进行深入的分析，对于较为准确地预测环境变化趋势、基本把握未来环境的变化、避免造成投资损失，具有十分重要的意义。本章所讲的策划不仅仅包括项目策划书的编制，更强调项目策划背后的资源整合，确保项目策划能够顺利落地实施。

3.1　资源整合

3.1.1　财团组合

1. 建立合作方资源库

园区开发项目涉及规划、产业、建设、金融、运营等多领域资源的组装整合，公司相关管理部门等应承担资源整合的主体责任，建立健全相关资源整合标准，筛选信息来源渠道，按照合作可能性、可行性及与公司业务互补程度，分门别类地逐步建立涉及规划、产业、建设、金融、运营等方面的资源库，并定期更新完善，提高资源整合和组装效率。

2. 项目优劣势分析

当公司营销人员获取项目相关信息及项目材料后进行初步评判后，项目负责人及投资管理人员应对项目的情况，按照公司相关投资管理制度的有关要求及标准，客观全面地进行优劣势的分析，包括项目建成后对地方经济、就业、税收的贡献度以及对相关合作伙伴的吸引力等方面进行分析，为组装资源、推动项目落地提供决策依据。

3. 拟合作各方优劣式分析

公司通过合作方资源库，根据项目实际特点，由项目管理班子提出拟选定的合作方，进行项目联合体的组建，并提出联合体组建方案。方案中需对各合作方的情况、资金实力、产业能力、运营能力等方面进行分析，分析其在所处领域的优劣势及核心竞争力。联合体组建方案应报公司投资管理部门审核，报总经理办公会审批。

3.1.2　与政府对接

1. 政府财政支付能力评估

（1）地方政府财力是衡量一个地区经济发展水平和可支配财务资源的重要指标，也是投资者判断政府财政支付能力及投资风险的关注重点。

（2）地方政府财力衡量指标为政府财政收入，政府财政收入包括一般公共预算收入、政府性基金预算收入、国有资本经营预算收入、社会保险基金预算收入。

（3）一般公共预算收入主要来源为税收收入，是反映一个地区经济商业发达程度及政府财力的最重要指标。

（4）政府性基金预算收入主要来源为国有建设用地出让收入。对于大型投资项目的回款保障，一般难以全部用一般预算收入来覆盖，政府会通过政府性基金预算收入平衡。

2. 政府政策对项目落地的影响评估

（1）需要高度关注地方政府债务情况，如项目实施新增了地方政府债务，那么投资该项目就需要充分进行评估。

（2）需要高度关注政府城投公司是否从政府剥离出去并进行独立运营。如果城投公司从政府剥离并独立运营，那么城投公司增加债务不会造成政府债务增加。如在政府城投公司目录里，那么城投公司举债将受到严格限制。

（3）与地方国有企业合作成立公司，该国有企业的信用评级也很大程度影响着项目公司未来的融资能力。一般地方国有企业信用评级需在 AAA 以上。

（4）出让金必须纳入政府性基金收入预算，坚持收支两条线，不允许土地出让金在预算外返还。

3. 与政府进行项目洽谈

（1）公司推介：播放公司 PPT 简介或宣传视频，并提供彩色打印的公司简介材料。

（2）项目策划思路。PPT 主题突出、深入浅出、内容客观，图形优美；推介人员介绍时字正腔圆、声情并茂、手势助力、充满激情。

（3）公司高层领导会谈提纲：对国家经济金融形势的判断；对项目所在城市经济社会发展的理解；对公司背景优势的介绍；对项目重要性的理解；项目投资开发的构想；对政府的期望及建议。

（4）政府背景资料需要提供给公司领导，包括所在城市、区域经济社会发展分析，会谈人员履历，拟投资开发项目的情况。

（5）会谈时，政府领导及公司领导的谈话要做好记录，会谈结束后 1 个工作日内要出具会议纪要，印发公司有关领导及有关部门。

3.1.3　与金融机构对接

（1）公司推介：播放公司 PPT 简介或宣传视频，并提供彩色打印的公司简介材料。

（2）提供请金融机构设计融资方案的任务书，提供融资结构构想图等。

（3）公司高层领导会谈提纲：对国家经济金融形势的判断；对项目所在城市经济社会发展的理解；对公司背景优势的介绍；对项目重要性的理解；项目投资开发的构想；对金融机构的期望。

（4）双方形成的共识。

（5）会谈时，金融机构及公司领导的谈话要做好记录，会谈结束后1个工作日内要出具会议纪要，印发公司有关领导及有关部门。

3.1.4 与合作伙伴对接

本节所指合作伙伴包括工程分包商、开发商、运营商等。

（1）双方各自展示自己的优势。

（2）双方分析合作所需要的各自的条件。

（3）双方分析合作给各自带来的益处。

（4）双方分析合作给各自带来的挑战。

（5）双方会见达成的共识。

（6）双方会见的会议纪要。

3.1.5 信息资料收集整理与研究

1. 研究报告类材料

（1）世界经济形势的研究报告。

（2）中国经济形势研究报告。

（3）项目所在区域、省市经济形势研究报告。

（4）产业趋势研究报告。

（5）科技趋势研究报告。

2. 规划类材料

（1）项目所在城市（区域）总体规划及详细规划。

（2）项目总体规划。

（3）政府与项目有关的领导讲话、谈话、会议纪要、批示文件等。

3. 项目开工前涉及的政府审批部门

（1）中央政府部门：发展改革委、部、总局（局）。

（2）省委、市委办公厅（室）主要领导姓名、秘书姓名及联系方式。

（3）省政府：发展改革委、商务厅（招商局）、财政厅、土地厅、环保厅等主要领导、分管领导姓名、秘书姓名及联系方式。

（4）市政府：发展改革委、商务局（招商局）、财政局、土地局、环保局等主要领导、分管领导姓名、秘书姓名及联系方式。

（5）区县政府：县政府、乡政府有关机构主要领导秘书姓名、联系方式。

4.金融机构

对项目感兴趣的银行、投行、保险、信托等主要领导及其秘书、有关部门姓名及联系方式。

5.合作伙伴

（1）投资商、总包商、分包商的财务实力（财务报表、相关分析报告）。

（2）投资商、总包商、分包商的主要领导及其秘书、有关部门人员姓名及联系方式。

6.信息资料来源

（1）网站公开信息、微信公众号信息。

（2）报刊。

（3）政府、金融机构内部文件资料，如招商材料等。

3.2　项目类型

3.2.1　城镇综合开发

城镇综合开发项目主要是指以重点打造产城融合发展的园区开发项目，项目形态主要表现为临空经济区、产业园区、产业新城、特色小镇等。鉴于一个园区里包含了若干个项目，因此园区的理论、原则、方法整体来说大部分都是适用的，故以下统称园区开发项目或者园区。

3.2.2　产业园区

1.园区类型

根据财政部 PPP 项目库对产业园区的分类，产业园区类型主要包括 12 大类，即生产园区、物流园区、科技园区、农业园区、文旅产业园区、循环经济产业园、商务园区、复合园区、健康产业园区、教育园区、总部园区、孵化园等。在各行业中，复合型园区、生产园区、物流园区、科技园区数量占园区开发项目总数量的 60% 以上。

2.园区开发模式

园区开发模式可以采用通过公开招标投标的 PPP 模式，也可以采取其他非公开招标投标的投资模式。

3.园区开发 PPP 模式

PPP 是 Public Private Partnership 的缩写，即我国政策文件中政府与社会资本合作模式。该模式是指政府通过公开招标投标采购社会资本方，由中标社会资本方与政府共同出资组建项目投资公司的投资模式，项目公司负责项目的规划、建设、运营等工作。《国务院办公厅转发财政部、发展改革委、人民银行关于在公共服务领域推广政府和社会资本合作模式指导意见的通知》（国办发〔2015〕42 号）指出了必须包含竞争性选择方式、平等协商订立合同、社会资本提供服务、绩效考核以及保证社会资本合理收益等主要因素。

（1）PPP 模式的特征：合作伙伴关系；共担风险；利益共享；全生命周期的风险管理。

（2）PPP 的重要意义：促进经济转型升级、支持新型城镇化建设；加快政府职能转变的体制机制变革；深化财税体制改革，构建现代财政制度的重要内容。

4.园区开发其他模式

社会资本方通过整合金融和产业资源，与政府授权国有平台公司组成项目公司，依靠项目本身能力获取回报。当项目回报不足以偿还股东回报时，政府则需通过土地资源平衡安排予以解决，或者通过相关投资协议安排一方或几方优先取得回报，另一方则长线持有获取长远回报。但是，政府须严格坚守不增加政府债务的底线，不能出具担保或回购承诺等。

5.园区开发的时期划分

（1）准备期：从园区策划开始，到开展园区规划，完成建设工作所需的各类前期手续及重要协议、合同的签订。

（2）建设期：园区物质载体的建设过程，建设内容包括三类：①基础设施和公共设计，包括六大系统和二十多个子系统，六大系统包括能源系统、交通运输系统、邮电通信系统、供水排水系统、生态环境系统、城市防灾系统；②产业载体；③生活空间和配套设施，即居民住宅、酒店公寓、餐饮娱乐，经营性子项目，非为资源性补偿的安排纳入项目包中，以及公园、医疗卫生、文化教育、幼儿保健等居民公共产品。

（3）运营期：从园区内各子项目陆续建设完成，园区开展招商引资和公共设施运营的时间范围，从特定的某个时间点直到合作期满或维持永续经营的时间。其中：招商引资待项目初具雏形即开始进行，具备条件的，也可在规划后期即可初洽谈，以观察市场的反应。因此，要求政府或开发商具有足够的招商能力及招商资源。

3.3　项目策划

3.3.1　项目战略分析与选择

1. 园区招商策略

一个园区开发需要一个统观全局、立足长远的战略部署。产业园区的招商战略包括：

（1）分析产业发展趋势，对目标企业进行筛选和优先排序。

（2）确定产业园区的竞争优势。

（3）建立产业园区的整体开发概念及组团规划。

（4）建立开发商和各利益方的财务模型及实施计划。

2. 园区环境分析

（1）了解产业的现状和发展趋势。具体包括：产业在全球的现状及发展；产业在中国的现状及发展；产业在当地的现状及发展。

（2）对产业进行细分。具体包括：企业类型细分；企业规模细分；发展潜力细分。

（3）对结果进行筛选和排序。具体包括：按市场发展潜力筛选；按与园区的相互适应性筛选；对筛选出的企业进行优先排序。

（4）战略部署的最终结果是确定市场发展潜力大、增长性强、与园区发展相符合的招商对象，即对园区具有吸引力的企业，并按照吸引力的大小进行排序。

3. 园区核心竞争力

（1）分析现有同类型产业园区的状况。具体包括：全国同类型产业园区的发展状况；当地产业园区的发展状况。

（2）分析该产业园区的竞争优势。具体包括：园区本身的竞争优势；提升优势的政策举措。

（3）开发商的选择与入驻商家分析。具体包括：园区开发商的选择；园区入驻商家的分析。

（4）最终成果是要确定产业园区核心竞争力，以及园区对商家所具有的吸引力。

4. 园区功能组团

（1）确定园区内合适的功能组团。具体包括：制定园区整体发展概念；确定园区功能组团；确定各功能组团之间的关系。

（2）明确各功能组团的定位。具体包括：确定各组团的定位；对各组团的定位进行论证。

（3）确定各功能组团的规模。具体包括：分析各组团的市场供求；根据供求状况确定组团规模，辅以敏感度分析。

（4）根据功能组团制定土地开发计划及建设周期，最终呈现园区整体概念，即各个组团的结构、定位及之间的联系。

5. 园区规划编制

（1）按照规划的专业划分的园区开发规划体系。按照园区开发的逻辑和特性，由发改、国土、规划、工信等部门沟通及协调，细致开展规划编制工作。

（2）按照规划的目的和详细程度划分的园区开发规划体系。园区规划是一项系统工程，做到多规合一、一张蓝图干到底。

（3）园区规划的实施主体。园区规划可以由政府相关规划部门或者委托咨询机构进行拟定，也可以由园区（项目）合作方进行拟定。以上两种方式都须在政府方指导下进行，所拟订方案均需获政府批准方可执行。

3.3.2 项目投资需求评价

1. 评估投资需求

（1）产业园区的整体投资规模分析。

（2）根据各功能组团的规模和定位估算投资需求。

2. 为相关利益方建立财务模型

（1）为项目的整体开发建立财务模型。

（2）为政府利益方建立财务模型。

（3）为开发商、投资者建立财务模型。

（4）为商家、入驻企业建立财务模型。

（5）优化财务模型。

3.设计总体实施计划

3.3.3　拟组建联合体

（1）组建联合体。园区项目的实施需要组装规划、产业、建设、金融、运营等多方面资源，那么就需要在项目跟踪的早期阶段进行联合成员的筛选洽谈，对合作的利益分配、分工等关键条件进行意向性沟通，达成初步一致共识后，结成合作联盟，协同推进项目前期方案编写、审核、报批、过会等工作。

（2）联合体协议洽谈。目标项目实施方案成熟后或政府审批通过后，各合作方应启动开展联合体协议的谈判工作，明确联合体各方权利义务、责任分工、利益分配、退出机制等核心条件，确保联合体成员之间发挥各自优势、互相信任、高度协同。

3.3.4　联合体成员审批程序

（1）园区项目实施需要各联合体成员之间协同推进，对于各联合体成员来说，都需各自进行公司内部的投资审批，即各联合体成员各自投资审批能否通过，决定着联合体的成败。

（2）项目负责人在牵头组建联合体过程中，应对各联合体成员的投资标准、投资决策流程、审批通过的难易程度进行充分评估。如经过评估，审批难度较大，则就需要提前准备好备选，这项工作一定要前置，在筛选联合体的时候就应该就此问题进行充分沟通和调查，以免导致项目推进过程中一方联合体有瑕疵造成工作被动。

3.3.5　工作推动计划

（1）项目负责人需要做好内部备案、立项、投资决策等各环节的投资决策审批工作计划安排，对每个环节需要达到的熟化标准及需要提供的决策资料准备充分。

（2）项目负责人应牵头制定项目前期工作计划，明确项目各环节的关键工作任务、工作责任目标、负责人、完成工作的时间节点及输出成果。工作计划可以甘特图形式展现。

3.4 园区可行性研究及审批

3.4.1 园区研究决策程序

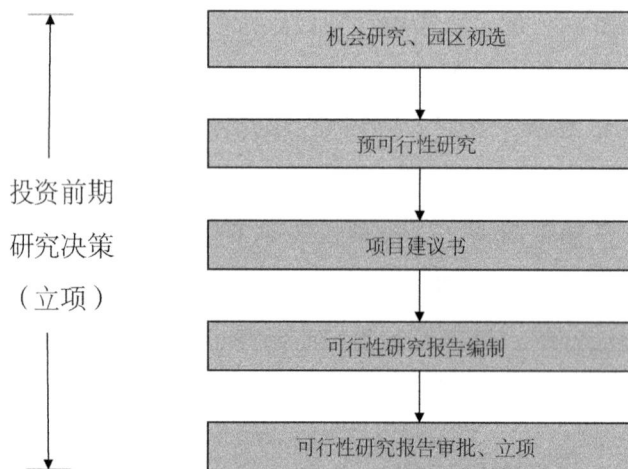

图 3-1 园区投资决策程序

3.4.2 园区机会研究

（1）一般性投资机会研究（研究具有机会普查性质）

地区投资机会研究：选择一个特定地区，研究寻找适合于投资方向的机会。

行业研究：选择一个特定行业，研究寻找适合于投资的机会。

资源研究：选择利用自然资源、农业或工业产品，研究寻找适合于投资方向的机会。

单个项目的投资估算，误差允许达 ±30%，整个园区会更大。花费时间 1 ~ 3 个月，所需费用占总投资的 0.2% ~ 1%。

（2）预可行性研究

经过一般性园区投资机会研究后，确定初步的投资意向，之后进行园区（项目）预可行性研究。单个项目投资估算误差一般在 20%，整个园区会更大。

（3）园区产业策划

以前瞻的眼光、宏观的布局、科学的理论、客观的实践和详实的数据，对产业园区各项目做整体的、方向性的构想、筹划和计划。包括：区域产业研究；产业园区的经营管理系统设计；产业园区招商引资系统设计；产业链设计；运营链设计；供应链设计；载体链设计。

（4）园区机会研究报告纲要（或预可行性研究报告纲要）

包括：自然环境分析；政治环境分析；经济环境分析；城市发展规划分析；园区（项目）行业市场分析与预测；发现投资机会，确定投资方向，构思产业布局及投资项目；选择投资方式，拟实园区（项目）实施的初步方案；估算投资问题，预测实现目标；如何进行园区（项目）开发对政府的建议；社会投资者情况简介；社会投资者实力分析；对公司是否主导、参与园区（项目）开发的建议。

3.4.3　项目建议书编制及审批

在机会研究报告，或预可行性研究报告的基础上，形成建议书，通常由业主或业主委托咨询机构负责完成。业主负责进行审查。

1. 项目建议书纲要

（1）项目提出背景；

（2）项目提出的依据，特别是政策依据；

（3）项目实施的基础及有利条件；

（4）项目实施可能受到的制约因素，改变制约因素的措施；

（5）项目的初步投资估算；

（6）项目的资金来源及筹措办法；

（7）项目的社会效益预估；

（8）项目的经济效益预估；

（9）项目产品的销售途径；

（10）项目的原料供应；

（11）项目的建造工期及投产预计时间；

（12）项目的发展远景；

（13）项目的规模；

（14）主要附件：机会研究报告，或预可行性研究报告，包括辅助（或职能）研究报告。

2. 项目建议书的报批

业主报选项目建议书后，政府有关部门将进行审查，必要时进行审查论证会议，听取意见。

3.4.4 可行性研究报告编制

1. 可行性研究的步骤

（1）开始筹划阶段：了解情况，制定工作计划，研究小组人员分工；

（2）调查研究阶段；

（3）优化和选择方案阶段；

（4）详细研究阶段；

（5）编制可行性研究报告阶段。

2. 可行性研究报告提纲

（1）概述；

（2）市场调查和研究：资源、原材料、燃料及公用设施情况；建厂条件和厂址方案；设计方案；环境保护；

（3）投资估算和资金筹措：法律、合同、股权结构；项目财务评价；项目风险分析；企业组织、劳动定员和人员培训估算；实施进度建议；社会及经济效果评价；

（4）结论。

3.4.5 对可行性研究报告的评价

可行性研究是业主作出投资决策的依据。要评价项目是否符合国家产业政策、法律法规，对所在地方经济社会发展和作用，内容是否确实、完整，分析和计算是否正确，最终确定投资机会的选择是否合理、可行。具体包括：建设项目的必要性；建设条件与生产条件；工艺、技术、设备；建筑工程的方案和标准；基础经济数据的测算；财务效益；国民经济效益；社会效益；不确定性；评价结论。

3.4.6 项目可行性研究报告审批

1. 按拟建项目级别划分可行性研究报告审批权限

2. 可行性研究报告申报

（1）一般研究报告申报：可行性研究报告的上报文；可行性研究报告（含规划设计方案）；项目建议书批复文件；法人证明；规划意见的项目选址意见书，或建设工程规划设计要求；建设项目用地预审意见（"招拍挂"取得土地的证明文件，或土地使用权出让协议、房地产权证）；环境影响审批意见；项目资本金证明，银行贷款承诺函，或其他来源资金证明；能源消耗情况汇总表。

（2）如有必要，应提供以下资料：市政配套初步意见；政府有关部门（如绿化、卫生防疫、消防、市政、安全生产等）的初步意见；有关业务主管部门意见；设计方案审核意见。

（3）其他有关国家法律法规要求提供的资料。

3. 审批条件

符合法律法规及有关规定；符合国民经济和社会发展规划、行业规划、产业政策、行业准入标准和国土空间规划；符合国家宏观调控政策；符合本市城市总体规划和地区异性规划；未影响经济安全；合理有效利用土地、水、电、气等资源；生态环境和自然文化遗产得到有效保护；对公众利益，特别是项目建设地的公众利益未产生重大不利影响；符合项目建议书批复意见。

4. 办理程序

（1）市级政府性资金投资的项目，市级政府投资机构（平台公司）投资且需市级政府性资金平衡，由市、区（县）政府联合投资的项目，由市发改委负责审批；

（2）以区（县）投资为主，由市级政府投资给予投资补助、贷款贴息的项目，按有关规定办理；

（3）列入目录范围内，由市发改委管理的政府投资项目，由市发改委审批；

（4）属于国家审批权限的项目，经市发改委初审后报国家发展改革委审批；

（5）如有必要需经符合资质要求的咨询机构评审；

（6）市发改委根据可行性研究具备的条件及项目的实际，会同市有关部门研究审批，批复项目可行性研究报告。

3.5 园区规划编制

3.5.1 按照规划的专业划分的园区开发规划体系

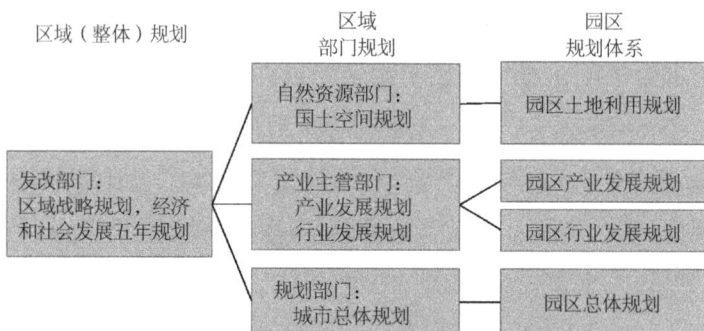

图 3-2 按规划专业划分的园区开发规划体系

3.5.2 按照规划的目的和详细程度划分的园区开发规划体系

按规划目的和详细程度划分的园区开发规划体系   表 3-1

概念性规划	总体规划	控制性详细规划	修建性详细规划
不属于《城乡规划法》界定的规划体系。主要是在编制总体规划之前，从经济、社会、环境的角度，提出城市的发展战略和综合目标体系，专门集中地进行研究城市发展中具有方向性、全局性的重大难题，确定宏观发展战略	一般包括城市、镇的发展布局，功能区分，用地布局，综合交通体系，禁止、限制和适宜建设的地域范围，各类规划等；规划期一般为20年	以城市总体规划或分区规划为依据，确定建设地区的土地使用性质和使用强度的控制指标，道路和工程管线控制性位置以及空间环境的规划要求	以城市总体规划、分区规划或控制性详细规划为依据，制订用以指导各项建筑和工程设施的设计与施工的规划设计

园区规划是一项系统工程，做到多规合一、一张蓝图干到底。

3.5.3 园区规划谁来做

（1）由政府相关规划部门，委托咨询服务机构拟定。

（2）由园区（项目）合作方拟定。

不论争取何种方式，均在政府方指导下进行，拟订方案均需获政府批准，方可执行。

04

第4章
项目选择

　　找到一个好的投资项目等于投资成功了一半，起步对了，后面的投资之路就会越走越宽。那么在实际选择投资项目的过程中，怎样选择才算是选对了呢？本章重点从商业模式、产业发展、土地开发、房地产开发等方面来论证社会资本参与政府类投资项目及房地产开发项目的选择论证方法。总的来看，投资项目选择是一个严谨系统的评价体系，既要坚持风险原则，对各合作方进行充分的尽职调查，同时也要坚持收益原则，在对项目未来收益预测基础上进行风险收益测算。在此基础上，来评价一个项目是否是优质项目。

4.1 商业模式

4.1.1 商业模式概述

1.商业模式内涵

商业模式是指各种独特战略选择的集成，体现了项目策划者独特的客户价值主张以及怎样去配置资源和行为来提供价值，并且赚取可持续性的利润的一个整体方案，其实质是企业整合资源、创造价值、传递价值、获取价值的既定逻辑（图4-1）。

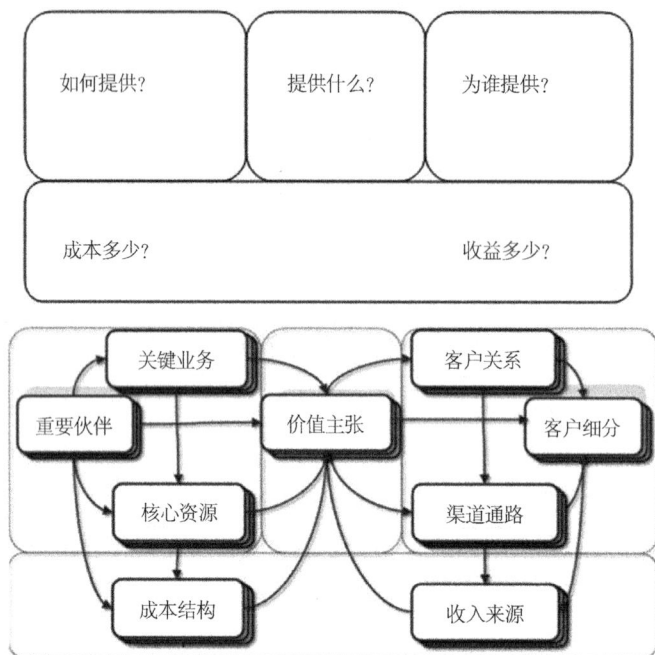

图 4-1 商业模式的内涵

2.商业模式的九个维度

一般商业模式可以用图4-1直观地表达出来，可分为九个维度（表4-1）。

商业模式的九个维度 表4-1

序号	九个维度	内容
1	客户细分	• 客户细分是用来描绘一个企业想要接触和服务的不同人群或组织； • 客户构成了任何商业模式的核心

续表

序号	九个维度	内容
2	价值主张	• 价值主张用来描绘为特定客户细分创造价值的系列产品和服务； • 解决了客户困扰或者满足了客户需求，是客户选择你而非别人的重要原因
3	渠道通路	• 渠道通路用来描绘公司是如何沟通、接触其客户细分，传递其价值主张和销售的这些渠道，构成了公司相对于客户的接口界面
4	客户关系	• 客户关系用来描绘公司与特定客户细分群体建立的关系类型
5	收入来源	• 收入来源用来描绘公司从客户群体中获取的现金收入
6	核心资源	• 核心资源是用来描绘让商业模式有效运转所必需的最重要因素； • 每个商业模式都需要核心资源，这些资源使得企业、组织能够创造和提供价值主张、接触市场、与客户细分群体建立关系并赚取收入； • 核心资源可以是实体资产、金融资产、知识资产或人力资源； • 核心资源既可以是自有的，也可以是公司租借的或从重要伙伴那里获得的
7	关键业务	• 关键业务用来描绘为了确保其商业模式可行，企业必须做的"最重要"的事情
8	重要合作	• 重要合作用来描述让商业模式有效运作，所需的供应商与合作伙伴的网络； • 很多公司采取创建联盟的策略来优化其商业模式、降低风险或获取资源
9	成本结构	• 成本结构用来描绘运营一个商业模式所引发的所有成本； • 创建价值和提供价值、维系客户关系以及产生收入都会引发成本投入

4.1.2　产业园区商业模式

1. 产业园区类型

产业园区类型 表 4-2

序号	类型	内容
1	产业新城	• 面积：一般在 20 ~ 80km²；如固安产业新城 60km²； • 区位：大城市周边 50km 以内，或者大城市中心区的城市更新项目； • 配套：按照一个小型城市的配套进行，如住宅、酒店、医院、学校、博物馆、体育场、公园、商场、购物中心、写字楼等； • 期限：10 ~ 20 年
2	特色小镇	• 面积：2 ~ 10km²，北京古北水镇 9km²； • 区位：一般距离大城市中心城区 50 ~ 140km； • 配套：主要以酒店、公寓、商业、娱乐、休闲为主； • 期限：6 ~ 14 年； • 类型：历史文化型、旅游发展型（古北水镇）、特色农业型（河南牧原小镇）、工业发展型（机器人小镇）、民族集居型（伟光汇通彝人古镇）、商贸流通型

　　特色小镇不仅限于建制镇，可以是非镇非区的区域；2015 年中央重要批示指出学习浙江经验、走新型特色小（城）镇之路，非镇非区的特色小镇兴起；2016 年 10 月国家政策明确特色小（城）镇包括特色小镇（非镇非区）、特色小城镇（建制镇）两种形态（图 4-2）。

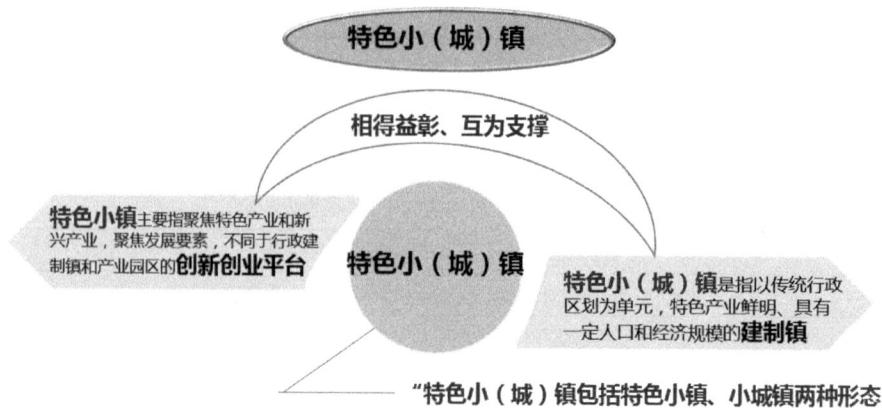

图4-2　特色小（城）镇的形态

2.产业园区的开发阶段

产业园区开发阶段　　　表4-3

序号	阶段	特点	时间	内容
1	起步阶段	以基建和房地产项目开发为主，招商引资开始启动	T 年	企业先垫资进行园区规划、基础设施建设、土地整理工作
			T+1 年	政府进行土地出让，获得土地款。产业新城开发商拍地，进行房地产开发
2	快速发展	基建设和房地产销售、招商引资工作加速进行	T+2 ～ T+4 年	基础设计与区域成熟度逐渐上升，企业扩大房产销售规划，获得现金净流入，招商引资也进入快速增长期
3	成熟阶段	园区建设结束、招商引资工作收尾	T+5 年	企业业务主要为给园区企业物业管理与经营服务。园区企业为政府提供稳定的税收收入

（1）园区起步阶段（T ～ T+1 年），以基建和房产项目开发为主，招商引资开始启动。即 T 年，企业先垫资进行园区规划、基础设施建设、上地整理工作。平均投入额约2.25亿元。T+1 年，政府进行土地出让，获得土地款。产业新城开发商拍地，进行房地产开发，动工后 6 个月开盘，去化周期一般为 18 个月。此时，园区环境已经有所改善，招商引资工作初见成效。基建和土地整理继续进行。

该阶段特点：开发商先行投资资金进行基建和土地整理，然后政府进行土地出让，以土地出让收入与企业结算已竣工的基建与土地整理项目的委托费用。开发商拍下住宅用地后，进行住宅房地产的开发，开售，实现现金回流。

（2）住宅开发与园区招商引资业务快速发展期（T+2 ~ T+4 年）。政府继续进行土地出让，开发商进行基础设施建设、房地产销售和招商工作。

阶段特点：对着基础设施与区域成熟度不断上升，开发商房地产销售规模将大幅增长，实现净现金流入，同时招商引资也进入快速增长期。

（3）园区成熟，开发商为园区提供物业管理与经营服务（T+5 年之后）。园区建设结束，招商工作收尾。园区企业逐步成熟，为政府贡献持续的稳定税收。企业继续进行住宅的开发，直至区域内住宅用地开发完毕。

阶段特点：企业主要给园区提供物业管理与经营服务，同时园区企业为政府贡献稳定的税收。

4.1.3　PPP 项目商业模式

1. PPP 提出的背景

根据《关于推广运用政府和社会资本合作模式有关问题的通知》（财金〔2014〕76 号），要求推广运用政府和社会资本合作模式（PPP），拓宽城镇化建设融资渠道，促进政府职能加快转变，完善财政投入及管理方式，尽快形成有利于促进政府和社会资本合作模式发展的制度体系。国务院《关于加强地方政府性债务管理的意见》（国发〔2014〕43 号文）也提出了加强地方性债务管理、鼓励社会资本通过特许经营等方式，参与城市基础设施等有一定收益的公益性事业投资和运营。

2. PPP 的概念

"PPP"是 Public-Private-Partnership 的缩写，即公私伙伴关系，是指公共部门与私营部门为提供公共服务而建立起来的一种长期合作关系。本质上，这是政府与社会资本的一场"婚姻"。

PPP 的核心理念是追求资金最佳使用价值，通过引进社会资本，发挥公私双方各自优势，紧密合作，风险共担，利益共享，得到最优的投资回报及社会公共效益，实现公共财政或者公共资源的价值最大化。

3. PPP 项目运作模式

根据财政部《政府和社会资本合作模式操作指南（试行）》（财金〔2014〕113 号）的表述，项目运作方式主要包括委托运营（Operations & Maintenance）、管理合同（Management Contract）、建设—运营—移交（Build-Operation-Transfer）、建设—拥有—运营（Build-Own-Operation）、

转让—运营—移交（Transfer-Operation-Transfer）和改建—运营—移交
（Renovate-Operation-Transfer）等。

PPP项目的运作方式种类繁多，不同类型的项目在选择项目运作方式
时，通常需要根据 PPP 项目中政府及社会资本对相关职能和风险的分配方
式、政府收费政策、项目投资收益水平、融资需求及是否移交等因素进行
科学判定与选择（图4-3）。

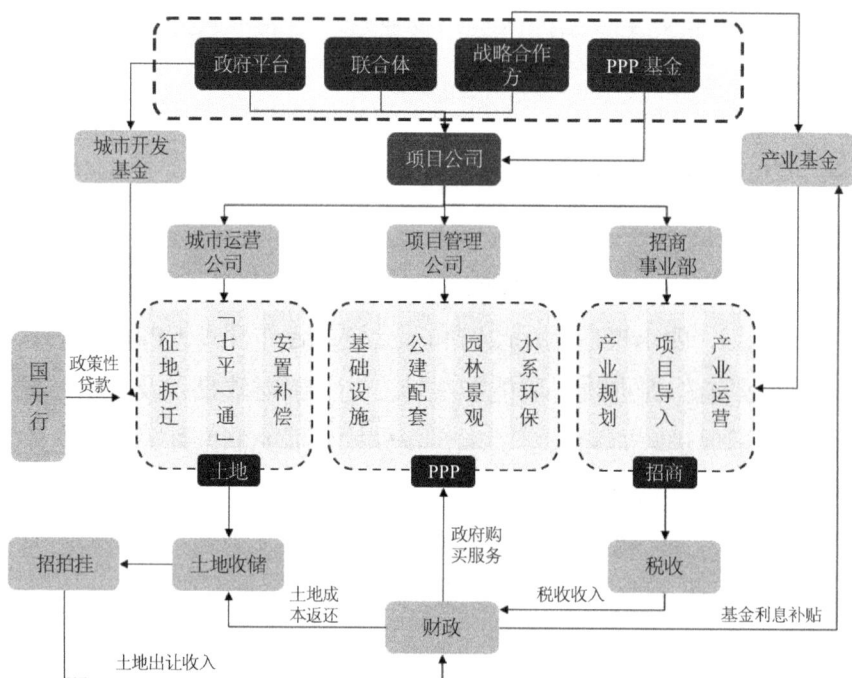

图 4-3　PPP 项目运作模式图

4. PPP 项目的回报机制

政府与中标社会资本成立项目公司，同股同权承担相应的收益与风险。
项目公司的回报机制包括使用者付费、可行性缺口补助和政府付费三种类
型。可行性缺口补助和政府付费需纳入当地财政中长期规划，从项目运营
期开始支付。

（1）政府付费：政府直接付费购买公共产品和服务，主要包括了可用
性付费、使用量付费和绩效付费。适用于缺乏使用者付费基础的基础设
施或公共服务项目，如市政污水处理、非收费道路、水环境治理、公园绿

化等。

（2）使用者付费：由最终消费用户直接付费购买公共产品和服务。适用于具有明确的收费基础，并且经营收益能够完全覆盖投资成本的基础设施或公共服务项目，如市政供水、管理燃气、供热、收费公路等。

（3）可行性缺口补助：经营性收益不是以覆盖投资成本，需政府补贴部分资金或资源的项目。也就是使用者付费不足以满足社会资本或项目公司成本回收和合理回报，而由政府以财政补贴、股本投入、优惠贷款、资源补偿和其他优惠政策的形式，给予社会资本或项目公司的经济补助，如综合管廊、轨道交通、港口码头等。

据统计，截至 2016 年年末，纳入财政部 PPP 项目库的 415 个项目分析，即 77.3% 的项目具有经营性（表 4-4）。

PPP 项目回报机制占比 表 4-4

回报机制	占比
政府付费	22.7%
使用者付费	42.4%
可行性缺口补助	34.9%

5. PPP 项目回报资金来源

（1）使用者付费。

（2）财政资金。

（3）配套资源补偿：香港铁路有限公司创造的交通导向型 TOD 模式，即沿城铁车站按"地铁＋物业"联动开发模式，值得借鉴，统一规划，在园区开发项目的基础上，配套开展周边住宅及商业用途的物业，前者拉动后，后者补助前者，亦叫产城融合。

（4）其他回报来源：为入园企业提供金融服务、人力资源服务等。如位于上海浦东新区的张江高科技产业园区有中国硅谷的美誉，创造了科技地产、产业投资、创新服务的"新型产业园区商业模式"，效果甚好，净资产回报率达 9.2%。

6. 政府支付的保障

1）纳入地方政府预算

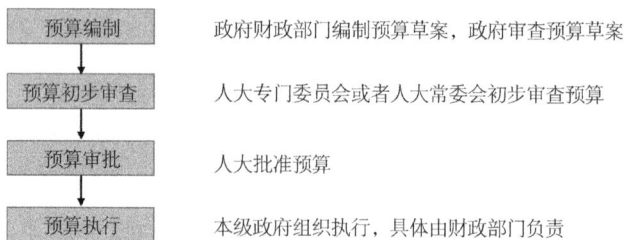

预算编制	政府财政部门编制预算草案，政府审查预算草案
预算初步审查	人大专门委员会或者人大常委会初步审查预算
预算审批	人大批准预算
预算执行	本级政府组织执行，具体由财政部门负责

图 4-4　PPP 项目付费纳入政府财政预算的程序

注：调整预算与此程序类似。

2）政府的园区政策及承诺

7. PPP 项目财政承受能力论证

（1）确保中长期财政可持续性。财政部门应根据项目全生命周期内的财政支出责任、政府债务等因素，对项目开展财政承受能力论证。每年财政支出不得超出当年一般公共预算的 10%。

（2）识别园区开发 PPP 项目财政支出责任。

4.1.4　工程土地联动商业模式

该模式主要解决政府建设资金缺口问题，其中含土地运作模式但不含土地开发具体内容。

1. 合作思路

借助集团公司强大的产业背景、独有的金融优势以及 A 公司的产业资源和灵活的决策机制，A 公司和政府平台公司成立合资公司，根据政府不同需求为其带来产业资源、融资和项目管理顾问服务，形成以产业招商为切入点、以代建施工为盈利点、以土地收入为平衡点的投资模式（图 4-5）。

（1）通过公开招标投标，A 公司协助合作方获得施工建设权。政府在工程施工过程中或工程竣工验收后开始向中标人分期支付施工价款（招标文件及合同文件中体现出按施工进度支付工程款，但同时保留发包人单方调整支配权）。

（2）政府拿出土地作为项目的平衡资金，A 公司协助寻找房地产商或由合资公司与房地产商组成联合体获得土地，形成资金闭环。

（3）A 公司获得施工单位工程管理费和合资公司投资分红。

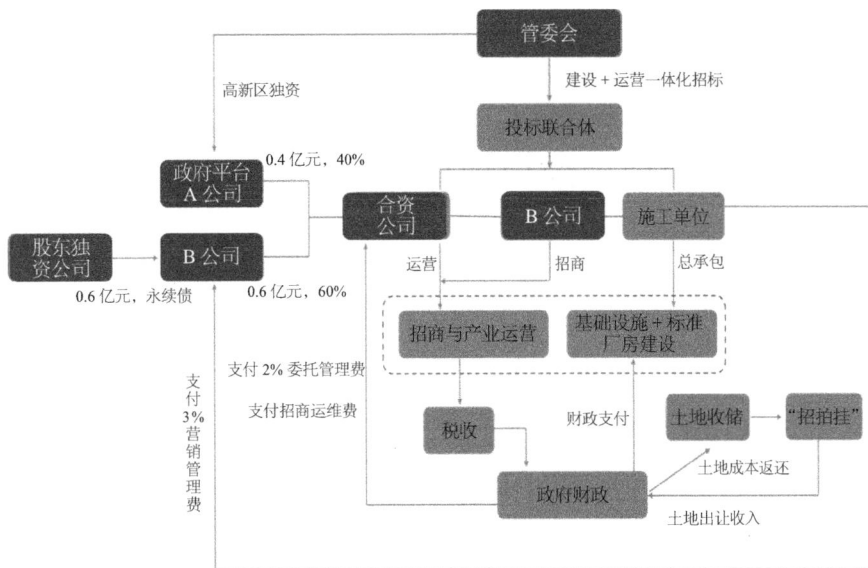

图 4-5　工程土地联动商业模式

2. 业务模式

政府方授权合资公司为委托资产的项目管理顾问，主要开展项目进行规划设计、工程管理、招商引资、运营管理等工作，并按照约定支付项目管理顾问费。A 公司协助合作单位或建设公司中标，收取施工单位工程管理费。政府方向施工单位支付工程款。

3. 收入来源

在该业务模式下，收入的主要来源包括代建费（委托建设服务费）、运营及产业服务费、工程管理费以及融资服务费等。

4.1.5　"投资 + EPC" 商业模式

（1）该模式主要解决政府项目建设资金问题。"投资 + EPC" 项目主要是通过股权投资或股权收购的方式参与项目开发，项目开发完成后，通过要求对方股权回购的方式实现项目退出（图 4-6）。

（2）A 公司拟采取股权投资模式，分别收购 A 公司和 B 公司在 C 公司持有的共计 62.5% 股权，其中收购 A 公司持有的 25.5% 股权，B 公司持有的 37% 股权。A 公司进入 C 公司成为控股股东。A 公司拟通过注入注册资本金方式购买股权，需投入资金 6.25 亿元（分期分批筹集到位），最终持有 C 公司 62.5% 的股权。

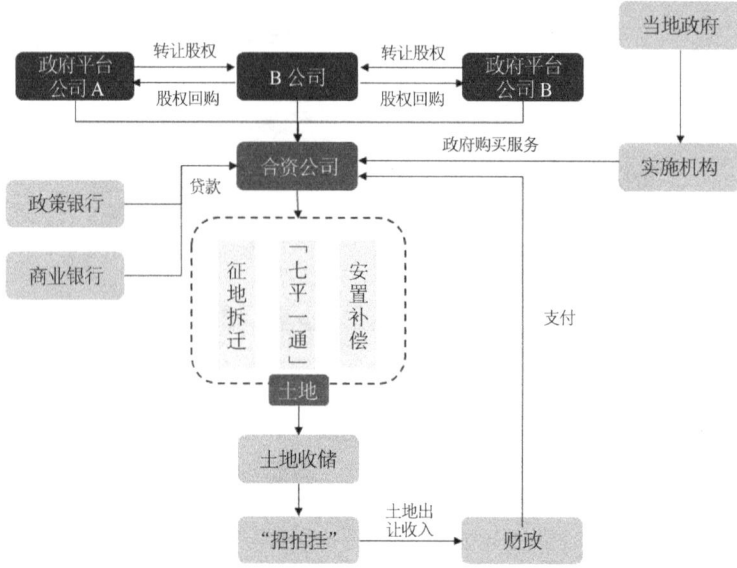

图 4-6 "投资＋EPC"项目商业模式

（3）在合作期限届满后，由 A 公司、B 公司分别按照市值回购 A 公司所持有的股份。

4.1.6 "EPC+产业运营"商业模式

（1）EPC+产业运营模式是以公司产业能力为条件、锁定 EPC 工程。此类项目主要适用于园区开发建设项目，并且政府已经落实项目资金（图 4-7）。

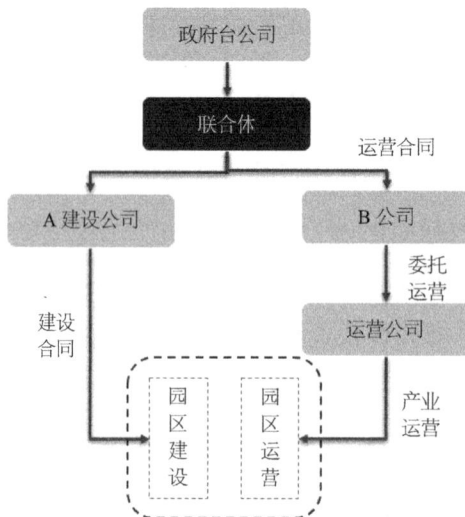

图 4-7 "EPC+产业运营"商业模式

（2）通过公开招标投标获得建设权和运营权。工程建设由联合体的施工企业以总承包的方式承接；运营由 A 公司在当地组建的运营公司向专业运营公司购买服务，将产业运营的权利、义务和风险都转移给运营公司，为园区招商、运营等服务。

（3）A 公司在项目一期中标以后通过购买服务的方式将产业运营外包给专业运营公司，将运营责任完全转移，从而实现有效的风险隔离，相当于提前退出风险较高的运营板块，固化既有收益。

4.1.7　商业模式的创新和发展

鼓励在项目实践中勇于探索，大胆创新，在现有模式的基础上，不断丰富新的商业模式。商业模式并非一成不变。伴随着国家的产业政策、金融政策、行业规范等调整与变化，在做好政策研究的基础上，结合项目情况实际，把握商业元素，创新商业模式，同时做到合法合规。

4.2　产业发展

4.2.1　区域战略定位

通过选址研究、战略规划、产业规划、空间规划、开发策略，发现城市价值。

1. 选址研究

每个园区项目在选址之初，需紧扣国家战略，围绕国家级城市群，结合行业发展趋势，进行选址研究分析。通过人口研究、经济分析、产业研究、市场分析、交通枢纽和发展潜力分析，选择核心城市；通过衡量 GDP、常住人口净流入、是否具备快速启动条件等因素，明确区域中心城市布局；同时结合城市能级判断、产业格局判断、城市发展方向、趋势判断及城市群廊道分析、拓展策略分析等。具体在项目选址时，要充分考虑区位、交通、产业基础、市场、开发条件等各个方面。

2. 三大规划

产业园区生态体系的重要内容之一是制定战略规划、产业规划和空间规划这三大规划，为后续高标准建设和高水平运营明确发展蓝图。①战略规划：通过区域研判和案例分析，明确城市发展理念、战略定位、发展路径和功能体系；②产业规划：通过区域研判和产业研究，明确产业定位、产业发展路径、储备项目及落地；③空间规划：通过综合现状分析和布局结构优化，明确城市定位和规模、用地布局、核心区城市设计和专项规划。

3.开发策略

在产业园区建设的启动期，集中打造包括主干路网和迎宾大道在内的城市格局，塑造以中央公园为核心的特色底板，建设覆盖服务中心、商业、酒店的城市核心，打造产业港和产业路网，提升产业承载力，实现产业龙头拉动。发展期，重点建设医院、学校、酒店等高感知项目，做足产业集群，以创新引领区域发展。成熟期，将完善楼宇经济、商务办公、城市休闲体系等城市功能，促进人口导入，推动产业提档升级，提升城市运营体系。

4.2.2　产业规划

1.打造产业研发团队

（1）广纳英才、组建产业规划研究的专家团队，在宏观上紧密跟踪全球经济变迁大势，预判前沿产业发展趋势，科学地为区域规划产业发展方向。

（2）整合全球知名智库资源，与麦肯锡、罗兰贝格、BCG 等国际顶级产业规划咨询机构达成战略合作，结合区域产业基础、产业发展趋势、地方发展需求和政府产业政策，科学研判、规划区域产业发展方向。

（3）依托专业产业服务团队和全国布局优势，为企业提供空间选址、生产要素支持、人才培养支持、专利保护支持、政策申请、市场对接、生活服务配套等选址解决方案。

2.产业研究平台

建立产业研究院，在宏观上紧密跟踪全球经济变迁大势，预判前沿产业发展趋势，科学地为区域规划产业发展方向（图 4-8）。

4.2.3　产业导入

通过直接招商和中介招商两种主要方式，实施产业链招商，形成庞大的客户及项目管理库系统（CRM + Call Center）。引入战略合作伙伴，进行高端资源对接。通过搭建创投基金、产业引导基金等方式，实现资本干预，

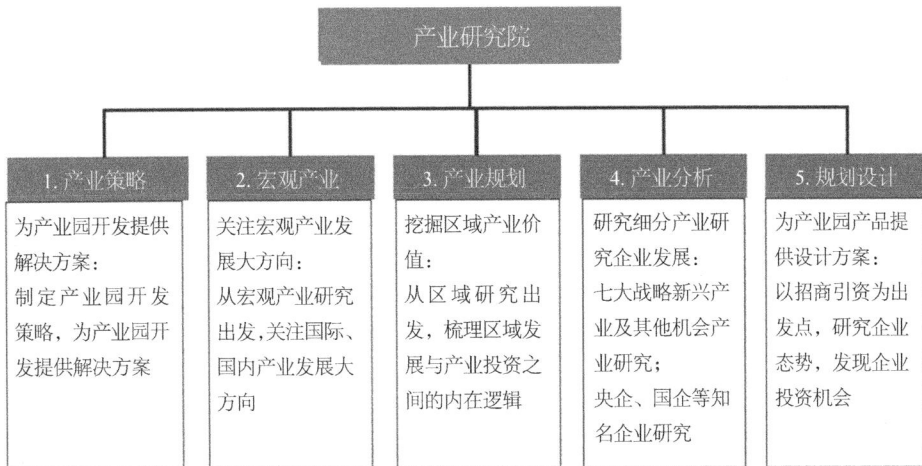

图 4-8　产业研究平台

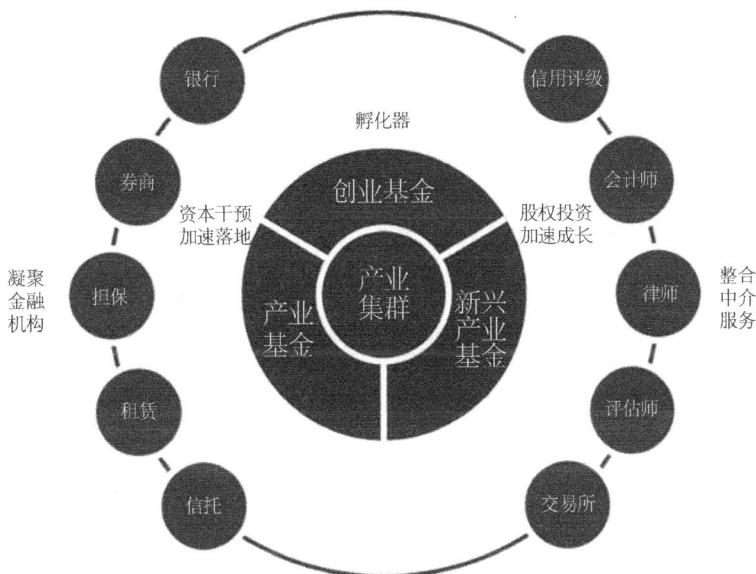

图 4-9　产业招商和产业发展模式

带动产业招商与产业导入（图 4-9）。

1. 创新驱动

联合科技企业搭建创新孵化平台，覆盖全球创新网络，在科技重镇布局产业孵化器。

2. 资本驱动

（1）联动金融资源，建成从天使、孵化、加速到并购、上市的全价值链、多层次的产业投资体系，为企业提供全生命周期的金融服务，实现资本驱动助力区域产业升级。

（2）围绕重点行业方向，撬动社会资源，如参与成立新型产业集群发展基金等产业投资基金，拟通过基金引导龙头项目落户区域。围绕高新技术中小企业、创新型业态，协同产业资本，推进产业加速引导基金的设立，加速新技术、新产业、新业态的成长发展。围绕种子期、初创期项目，联合金融资本，推进天使投资基金的设立，助力创新创业项目快速成长、走向成熟。

3. 科技驱动

聚焦新一代信息技术、高端装备、汽车等高新科技产业，因地制宜、因势利导地为区域打造科技含量高、示范带动强的高端产业集群。通过龙头企业，吸附和带动其他中小企业入驻，推动产业链上下游集群集聚，实现以科技驱动区域产业转型升级。

4. 品牌驱动

加大对外招商宣传力度，开展物流园区整体形象宣传推介，积极开展招商引资主题活动。同时结合国内外主流媒体，打造现代物流园区国际形象，提升物流园区在国内外的知名度。

5. 税收贡献

产业园区项目的建设，不仅为区域经济导入了产业，还为当地带来了大量就业，贡献了税收、人口流入及GDP，反过来又进一步促进了经济社会的全面发展。

4.2.4 产业培育

（1）在已建科技园区内建孵化器、加速器，源源不断输送高新科技企业，尤其是战略性新兴企业。扩大企业园区规模，或"腾笼换鸟"，提升园区产业结构。

（2）树立"贴身式"服务理念。提出对进驻商家的服务不仅仅是审批办事的服务，而是全方位、全天候、全过程的服务，是贴身式、跟踪式的服务理念。

（3）构建"一站式"服务体系。对招来的商家尤其针对外地商家，园区应建立快捷、便捷的"一站式"服务体系，使投资者从申请到领取营业执照可"一厅办理，一站解决"。

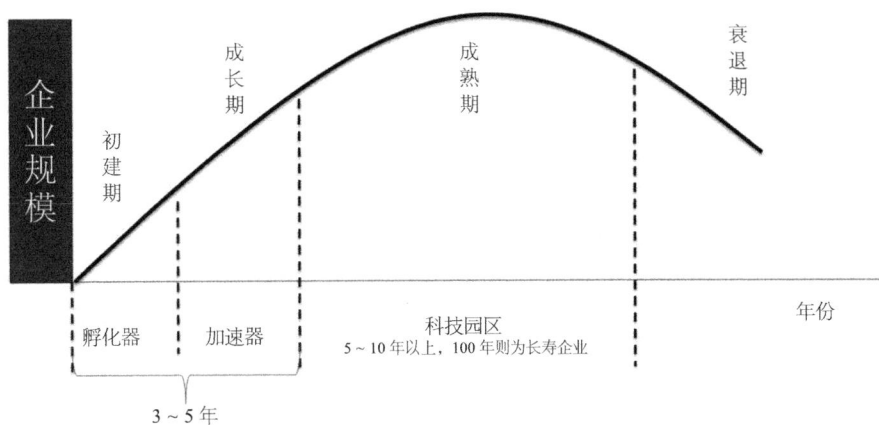

图 4-10　产业培育与产业成长同期

4.3　土地开发

4.3.1　土地管理制度

1.《中华人民共和国宪法》

第六条规定：我国社会主义经济制度的基础是生产资料的社会主义公有制，即全民所有制和劳动群众集体所有制。

第十条规定：国家为了公共利益需要，可以依照法律规定对土地实行征收或者征用并给予补偿。任何组织和个人不得侵占、买卖或者以其他形式非法转让土地。

土地的使用权可以依照法律的规定转让。一切使用土地的组织和个人必须合理利用土地。

2.《土地管理法》

第二条规定：我国实行土地的社会主义公有制。

第四条规定：城市市区的土地属于国家所有。农村和城市郊区的土地，除由法律规定属于国家所有的以外，属于集体所有；宅基地和自留地、自留山，属于农民集体所有。

3.土地用途管理制度

《土地管理法》第四条：依据国家标准《土地利用现状分类》开发分类，并采用土地现状用途和规划用途管理方式。

国家编制土地利用总体规划，规定土地用途，将土地分为农用地、建设用地和未利用地。使用土地的单位和个人必须严格按照土地利用总体规划确定的用途使用土地。

《土地利用年度计划管理办法》(国土〔2016〕66号),国家对年度内新增建设用地、土地整治补充耕地和耕地保有量执行严格的计划管理。

土地的用途管制为政府在空间上进行产业布局、时间上进行发展谋划提供了基础,是政府通过土地资源调节中国经济社会发展的一个重要因素。

4. 国有土地有偿使用制度

1990年国务院出台第55号令《中华人民共和国城镇国有土地使用权出让和转让暂行条例》,规定凡是使用城市土地除了规定申请审批手续外,都要通过货币交换形式,支付一定的土地使用权出让金,才能使用城镇土地。

2002年国土资源部第11号令《招标拍卖挂牌出让国有土地使用权规定》,明确规定商业、旅游、娱乐、商品住宅四类经营性用地,同一宗土地有两个或两个以上意向用地者,应当招标拍卖挂牌出让。

2007年国土资源部第39号令第四条明确规定,在2002年国土资源部令第11号的基础上,又增加了工业用地,补充"招拍挂"出让。至此,形成了我国国有建设用地有偿使用制度体系。

2016年12月31日,国土资源部、国家发展改革委、财政部、住房和城乡建设部、农业部、中国人民银行、国家林业局、银监会多部委联合下发了《关于扩大国有土地有偿使用范围的意见》,坚持用途管制,市场配置、依法行政的原则,是土地有偿使用制度重要补充和完善。

节约集约利用土地规定,土地资源管理非常严格。落实最严格的耕地保护制度和最严格的节约集约用地制度;提高土地利用效率;对县级以上资源主管部门节约集约用地进行评价;《国务院关于印发全国国土规划纲要(2016—2030年)的通知》(国发〔2017〕3号),建立健全节约集约用地责任机制和考核制度。

4.3.2 园区开发项目中的土地开发模式

1. 园区PPP项目的土地规划

(1)园区选址要依据各地的自然环境、经济发展方向、基础设施及社会环境等条件确定;

(2)符合土地利用总体规划、城市规划、产业发展规划等相关规划要求;

(3)在节约土地、少占最好不占耕地的条件下,使园区有必要的发展空间；

（4）国家明文禁止在土地利用总体规划和城乡规划确定的城镇建设用地范围之外，设立各类城市新区、开发区与工业园区。

2.用地原则

园区开发建设要因地制宜、实事求是，用地规模、土地利用强度和集约程度，应根据产业引入和优势产业、建设运营的不同阶段来确定。

（1）避免出现土地占而不用、土地开发与项目脱节等现象；

（2）注意园区的边界确定。

3.园区开发项目的土地利用规划

前期以国土规划为统筹，以土地规划为基础，整合行业规划和产业融合规划，根据园区实际情况做新规划或者调整规划，并且确保规划能直接落地，指导后续建设与运营。

不得直接以PPP项目为单位打包或成片供应土地；一次规划，分次供应，同时避免土地闲置。

4.园区开发项目的土地储备与供应

合理确定园区内土地储备规模，根据园区所在地经济发展水平、财力状况、年度土地供应量、年度地方政府债务限额、地方政府还款能力等因素确定。

土地储备机构通过政府采购实施储备土地的前期开发，包括与储备土地相关的道路、供水、供电、供气、排水、通信、照明、绿化、电视管线、土地平整等基础设施建设。

5.土地储备资金筹措和使用来源

（1）财政部门从已供应储备土地收入中安排征地费用、拆迁补偿费用、土地开发费用；

（2）财政部门从国有土地收益基金中安排；

（3）发行地方政府债券筹集的土地储备基金；

（4）经财政部门批准可用于土地储备的其他资金；

（5）上述资金产生的利息收入。

6.园区开发项目的土地权益取得

（1）划拨方式取得。

①军事、保障性住房、涉及国家安全与公共秩序的特殊用途的；

②满足以下条件的可以抵押：土地使用者为公司、企业、其他经济组织和个人；领有国有土地使用证；具有地上建筑物、其他附着物合法的产权证明；补交土地使用权出让金，且经市、县人民政府土地管理部门批准。

形象地说，划拨土地使用权可以抵押，但需要有地上建筑物、附着物等，即光地不能抵押。

（2）有偿方式取得土地权益。国有土地使用权出让；国有土地租赁；国有土地使用权作价出资或入股。

土地出让方式包括协议、招标、拍卖、挂牌。

7. 园区开发项目的产业用地政策

选择适合的项目用地方式，厘清不同产业涉及的用地政策。具体包括：

（1）不得违规取得未供应的土地使用权或变相取得土地收益；

（2）不得作为项目主体参与土地收储和前期开发等工作；

（3）不得借未供应土地进行融资；

（4）PPP项目的资金来源与未来收益及清偿责任，不得与土地出让收益挂钩等；

（5）需了解土地税费、土地处置、土地登记等管理政策，以及农转用、增减挂、集体建设用地、耕地保护、土地有关合同等具体操作的方式方法。

4.3.3 土地一级开发

1. 土地储备与土地一级开发

（1）《土地储备管理办法》（国土资发〔2007〕277号）和《关于规范土地储备和资金管理等相关问题的通知》（财综〔2016〕4号）规定：土地储备是指市、县人民政府国土资源管理部门为实现调控土地市场，促进土地资源合理利用目标，依法取得土地，进行前期开发、储备以备供应土地的行为。土地储备是政府职能，不能或不宜由市场配置资源，由相应的土地储备机构进行。土地储备内容包括：

①依法取得土地（拆迁安置补偿）；

②组织前期开发（生地开发，"七通一平"市政基础设施建设）；

③储存以备供地（变成熟地储存，以备政府供地）。

（2）土地一级开发一般是指出资实施征拆建设并出让土地获取收益的行为，但它并不是一个正式用语，在国土资源部（自然资源部）和财政部的部委文件中没有出现过。

（3）土地一级开发和土地储备两者虽然叫法不同，但包括的具体内容基本一致，在实际工作中可以同等对待。

2. 土地一级开发实施主体

土地储备工作的具体实施，由土地储备机构承担。建立土地储备机构名录。市、县国土资源主管部门应将符合规定的机构信息逐级上报至省级自然资源主管部门，经省级自然资源主管部门审核后报自然资源部，列入名录并定期更新。

3. 土地储备工作流程（图4-11）

1）土地征收、收购、收回涉及的安置补偿服务

土地征收、收购、收回涉及的安置补偿服务可以采用政府购买服务的方式，但应注意：

（1）土地征收、收购、收回涉及的安置补偿服务应被列入政府购买服务指导性目录中，对暂时未纳入指导性目录又确需购买的服务事项，应当报财政部门审核备案后调整实施。

（2）政府购买该项服务所需资金应当在年度预算和中期财政规划中据实足额安排，先有预算、后购买服务，所需资金应当在既有年度预算中统筹考虑，不得把政府购买服务作为增加预算单位财政支出的依据，年度预算未安排资金的，不得实施政府购买服务。

2）储备土地的前期开发

《关于坚决制止地方以政府购买服务名义违法违规融资的通知》（财预〔2017〕87号）规定：……严禁将……储备土地前期开发……等建设工程作

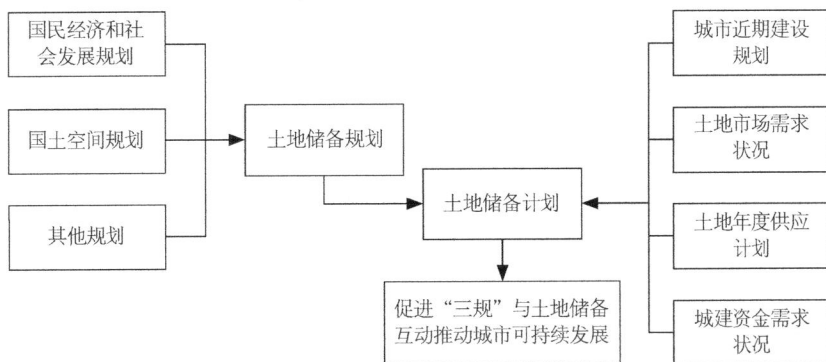

图4-11　土地储备工作流程

为政府购买服务项目……政府建设工程项目确需使用财政资金，应当依照《中华人民共和国政府采购法》及其实施条例、《中华人民共和国招标投标法》规范实施。

3）土地的储存与看护

《关于坚决制止地方以政府购买服务名义违法违规融资的通知》（财预〔2017〕87号）规定：土地的储存属于政府职责范围，适合采取市场化方式提供、社会力量能够承担的服务事项。根据上述文件规定，土地的储存与看护可以列入政府购买服务指导性目录，报财政部门审核备案后调整实施。如果不能列入政府购买服务指导性目录，则可以根据《政府采购法》之规定，通过政府采购服务的方式采购。

4）土地储备基金筹措和使用

自2016年1月1日起，土地储备机构不得再向银行业金融机构举借土地储备贷款。土地储备资金的筹措方式包括：财政部门从已供应储备土地收入中安排征地费用、拆迁补偿费用、土地开发费用；财政部门从国有土地收益基金中安排；发行地方政府债券筹集的土地储备基金；经财政部门批准可用于土地储备的其他资金；上述资金产生的利息收入。

4. 土地一级开发成本

（1）土地报批等各项税费，包括上缴国家、省、市有关部门的新增建设用地土地有偿使用费、耕地开垦费、耕地占用税、征地管理费、被征地农民社会保障基金、土地报批等相关税费。

（2）征地补偿费，包括土地补偿费、安置补助费、地上附着物及青苗补偿费，以及按征地面积一定比率计算的生产生活预留安置用地的货币补偿费等费用。

（3）拆迁安置补偿费，包括房屋拆迁补偿费、地上地下管线迁改费、被拆迁居民的回迁安置或货币补偿费、搬迁费、过渡费、搬迁奖励费等费用。

（4）土地一级开发整理项目前期费用，包括规划编制、工程招标、工程监理、土地房屋测绘评估、图件资料的测绘等费用。

（5）土地前期开发整理费用，包括实施收储范围内片区道路、供水、供电、供气、排水、通信、照明、绿化、土地平整等为完善土地使用功能的配套设施建设和城市基础设施建设的费用。

（6）财务支出，包括土地储备机构或国有投资公司向金融机构融资所支付的利息、社会投资人参与土地一级开发整理投入的资金利息、融资顾问费、金融机构组团费、资产管理费等费用。

（7）储备土地临时看护管理及临时利用费，包括打围墙、树栅栏、树标识等费用，开展专人看守和日常巡查费用；对地上建筑物进行必要的维修改造费用，通过出租、临时使用等方式加以利用而建设临时性建筑和设施等费用。

（8）其他费用，包括土地储备管理费、征地工作经费、拆迁工作经费、受委托实施土地储备单位的管理费、土地储备支出核算费用、审计费、国有投资公司组织社会资金参与土地一级开发整理的投资回报，以及经市政府审批认定列入直接支出的其他费用。

4.4　房地产开发

4.4.1　产业园区与房地产开发

由于产业园区前期投入巨大，开发企业普遍面临资金回收的压力。因而，政府应拿出一定的资源、优惠政策等来吸引产业导入。房地产是政府投入资源的重要标志。

4.4.2　房地产市场分析

1. 城市宏观经济分析

（1）城市总体规划、产业规划、城市发展战略、区域经济状况，包括国民生产总值、财政收入；

（2）固定资产投资、房地产投资、人均收入及消费性支出；

（3）城镇化率、人口总量、城镇人口及人口净流量。

2. 政策分析

包括国家层面和地方层面的房地产调控政策、重要城市规划。

3. 房地产市场分析（表4-5）

（1）土地市场分析。土地供求及价格分析；土地成交区域分析；重点成交地块分析。

（2）房价分析。年度整体市场走势分析区域房地产过去5年房价走势、土地成交量及土地价格；当地楼盘数量与购买力之间的关系；当地租售比情况。

（3）供求分析。供求区域分析；供求产品结构分析；存量分析；成交楼盘 TOP10；典型楼盘分析。

（4）撰写项目初步定位报告，报告应包括以下内容：项目土地自身属性分析、城市宏观经济分析、城市及区域规划分析、房地产市场分析、项目初步定位结论（整体形象、价格、产品、客户）。

房地产市场分析要点 表 4-5

序号	要点	主要内容
1	用地交易	• 地价款数额及具体组成（地下部分若办产权是否需要缴纳土地出让金）； • 付款进度； • 交地时间进度； • 项目交地的标准（地块规划红线内是否达"三通一平"，即通路、通电、通上水及场地自然平整）？规划红线外基础设施是否达到"八通"，即通路、通电（是否能按照开发商的要求提供 10kV 多回路电源至项目规划红线）、供热管道通、通雨水排放、通污水排放、通上水、通燃气、通电话暨（有线电视）？如不是"三通一平"或"八通"，则需支付什么费用、多少费用，以及何时支付； • 还迁面积及时间
2	规划设计条件	• 用地面积（用地性质、建设用地多少、道路代征地多少、绿化代征用地多少、广场代征用地多少）； • 容积率； • 建筑密度； • 绿地率； • 不同类型物业面积指标（有无商业占比要求）； • 日照要求（能了解当地认可的日照计算软件和单位最好）； • 限高要求及原因（CBD 限最低，航线限最高等）； • 红线图、地形图（包括用地范围及相邻周边一个路网范围，至少 500m、建筑退线要求及道路角点坐标。部分城市还有绿线控制范围及相关退绿线要求）； • 提供规划意见书或控制性详细规划图及指标； • 周边道路规划宽度，是否有拓宽计划或高架桥、下穿隧道计划；是否允许设机动车出入口城市轨道交通规划图（如地铁、轻轨设计计划，城市道路规划，道路立交规划方案等）； • 停车位要求（按照机动、非机动分别描述）； • 面积计算的地方规定以及地方关于土地与规划设计方面的规定； • 人防要求（可否缴费异地建设，规模、标准、费用）； • 有无节能减排强制性要求（如雨水再利用、中水、地源热泵等）； • 是否有回迁项目？具体要求（希望能将条件一次提清，经常因为开始没谈清楚，不断增加而影响整体规划）； • 城市地图。项目位置，目前已建成商业中心位置，正在建设的类似项目的位置，城市主要交通设施位置（机场、火车站、地铁站、公交总站等）。政府所在地位置； • 城市总体发展规划及区域的控制性详细规划或城市总体规划类文件； • 场地内一栋建筑的地勘报告

续表

序号	要点	主要内容
3	市场售价	<ul><li>城市房地产市场概况。①过去 3 年全市及项目所在区域同类产品, 即底商、写字楼、住宅、SOHO 公寓等产品的供应量、成交量、成交均价、成交套数;②过去一年全市及所在区域同类产品 (底商、写字楼、住宅、SOHO 公寓) 的新增供应量;</li><li>市场在售商品房价格分析与确定 (提供 10 个同类产品的调研表,内容包括项目名称、开发商、项目位置、建筑面积、销售面积、工程进度、销售进度、销售价格、产品户型、业态类型等);</li><li>办理预售证的条件;</li><li>对于地下商业面积, 当地政府是否可以办理独立的产权证;</li><li>对于地下车库面积, 当地政府是否允许销售, 能否办理独立的产权证;</li><li>住宅、写字楼底商是否可以通天然气;</li><li>写字楼是否可以分隔销售、产权是否受影响;</li><li>对于人防兼地下车库的面积 (平战结合), 当地政府是否允许销售, 能否办理独立的产权证? 如不能, 是否需交纳人防设施的使用费? 费用多少?</li></ul>
4	报批报建费	<ul><li>城市基础设施配套费 (回迁部分是否缴纳, 以及缴纳的标准) 如需支付, 住宅配套费单价为多少? 商业配套费用如何计算?</li><li>教育配套费;</li><li>人防报建费 (或人防异地建设费);</li><li>水增容费;</li><li>燃气增容费;</li><li>热力集资费;</li><li>土地增值税预征税率 (按不同物业类型, 普标住宅, 非普标住宅, 商业)、所得税预征收益率、土地使用税;</li><li>项目红线外 "七通一平" 的全部费用或现状描述;</li><li>税收返还政策 (市、区比例);</li><li>供电高可靠性费用 (双回路, 供电局);</li><li>物业维修基金 (房管局);</li><li>劳保统筹费用 (建委);</li><li>绿化异地建设费用 (园林局);</li><li>红线内的管道迁移改造费用或现状描述;</li><li>政府优惠政策</li></ul>
5	财税问题	<ul><li>土地契税的计算基础包含哪些土地成本?</li><li>契税税率?</li><li>城市建设维护税、教育费附加、地方教育费附加的税费?</li><li>是否存在地方性基金, 如物价调控基金、防洪保安基金、水利建设基金、粮食风险基金等, 如存在, 费率是多少? 计征基础是什么?</li><li>如存在还建, 还建部分是否征收营业税金及附加?</li><li>如存在还建, 还建部分是否征收土地增值税?</li><li>所得税预征时, 所采用的预计计税毛利率?</li><li>所得税税率?</li><li>能获得何种税收返还政策, 针对各税种 (契税、营业税、土地增值税、所得税、房产税等) 的具体返还比例是多少?</li><li>税收返还中, 所涉及各税种的中央、市级、区级留成比例分别是多少</li></ul>

4.4.3 房地产开发流程

1. 土地获取阶段

（1）土地信息收集。现场踏勘了解周边配套情况，获取现状图，了解该区域未来规划情况、规划设计条件，了解周边配套情况。

（2）土地研判。了解地块的上市方式和土地款，了解当地的建安成本、政府收费项目和具体情况，了解当地的房地产市场状况，并形成机会研究报告。

（3）投标、摘牌。寻找合作资金，明确合作伙伴，寻找合作方式，形成商业计划书；编制投标方案。

（4）签订土地出让合同。确定用地图、桩点坐标、用地条件。

（5）用地规划许可证。

（6）确权。核定用地图、核定用地相关图、规划地界坐标图。

（7）办理土地证。积极与银行联系，寻找合作伙伴，进行土地评估，选择合适贷款承载公司。

2. 规划设计阶段

1）区域市场调研

项目所在地房地产市场总体供求现状；项目周边竞争性楼盘调查；项目所在商圈或临近商圈现状调研（商业部分）；同期操作商业地产项目调查（商业部分）。

2）项目定位

公建部分拟选业态种类确定、所选业态数量确定；市场定位、客户定位、产品定位、价格定位；经济测算及编制项目发展报告。

3）设计前期

明确产品设计思路；明确设计院选择标准；制定设计组织计划。

4）方案设计组织

方案与设计院选择，合同签订；制订规划、景观及建筑单体的设计任务书、交工标准，以及规划指标、环境指标的初定；规划方案结合成本测算的研讨及确定；彩色总平面图（含经济指标）送规划预审；彩色立面效果图送规划预审及审批（上报市政府）；景观概念方案设计及确定。

5）指标确认阶段

项目成本指标确定；项目考核指标确定；年度考核指标调整。

6）施工图设计组织

施工图设计院的选择与合同签订；制定建筑、综合管网、景观施工图设计任务书（交工标准确定，建筑、景观限额指标确定）；结构方案及设备选型研讨及确定；地质勘察报告；施工图成果；综合管网方案设计等。

7）建设工程规划许可证

规划方案及市政方案送审；建筑方案送审；取得许可证。

8）施工许可证

9）销售许可证

10）企业投资项目备案

11）开工准备

3.开工开盘阶段

1）开工

施工放线；规划验线；桩基检测；开槽（办理各种手续，组织协调环卫、市容等政府部门）；地基备案、材料报送监督站,联系组织验收人员准时参加；基础施工；基础验收备案；基础处理竣工结算。

2）项目亮相前准备

推盘策略确定；确定外部资源（广告公司、制作公司、媒介公司、策划公司）；项目推广定位确定（项目名称、组团名称,项目核心推广理念确定，宣传口号确定）；项目核心识别系统确定；亮相前项目知识培训；分卖场设立；销售道具准备；联动工作的准备；意向商家签约；确定项目亮相方案。

3）项目亮相

项目形象出街,媒介组合应用（户外、报纸、电视、电台、车体、电梯）；媒体新闻信息亮相；亮相庆典活动及产品推介会的宣传和安排。

4）项目开盘前准备

客户积累（意向卡销售，客户梳理，意向销控制定，客户关系维护）；交工标准确定；价格体系确定；合同准备（房型附图，交工标准，小区摆位，合同、附加协议等文本审查确定等）；开盘前销售道具准备；项目形象的提升及深化；开盘信息告知；银行大协议的签订。

5）开盘

开盘庆典活动；客户转化（明确合理流程，接待、回访、邀约客户,完成客户转协议、转合同工作）；回款落实。

6）日常销售

月度操作手册制定；价格监控及调整；月度推广计划执行；客户到访及接待成交工作；合作方合同签订；制定回款节点，协调银行及房管局保证按期回款。

7）清盘

清盘后项目各种资料移交；项目销售、招商工作问题总结、汇报并存档。

4. 工程建设

（1）主体施工。审核施工方案、施工组织设计；材料进场验收；钢筋混凝土工程（过程监控）；配套管线预埋；重要分项工程及隐蔽工程质量验收。

（2）变更签证。

（3）工程款支付。

（4）主体验收备案。

（5）外檐装修材料确定。

（6）甲供、甲分包材料招标。

（7）水、暖、电安装。

（8）智能化安装。

（9）通风与空调。

（10）电梯安装。

（11）毛坯房竣工验收备案。

（12）毛坯房竣工结算。

（13）成品房装修。

（14）成品房竣工结算。

（15）配套手续及施工。

（16）配套施工。

（17）竣工结算。

5. 竣工入住

（1）室内空气检测。

（2）住宅准入证。

（3）入住准备。

（4）楼牌标识。

（5）物业接收钥匙、验房。

（6）办理入住。

6. 售后移交

（1）整体移交物业。

（2）产权证办理。

（3）土地证办理。

4.4.4 A 公司参与房地产开发的模式

1. 与开发商结成联盟

A 公司可与开发商形成联合体，构成战略联盟关系。A 公司引荐土地资源，运作政府资源锁定土地，通过向政府招商引资以及产业运营等以联合体名义低价摘牌土地，获得土地溢价收入，与开发商分享土地溢价红利。

2. 设计土地财政返还路径

土地出让金纳入政府性基金，扣除上缴上次财政部分，剩余为本级政府留存部分。A 公司须与地方政府就该地方留存部分进行协商返还事宜，对该款项返还路径进行设计，保证合法合规，从而优先偿还 A 公司工程项目款，形成资金闭环。

4.5 通用航空产业投资分析

4.5.1 通用航空应用广泛，产业链庞大

1. 通用航空是民用航空的重要分支

按航空业的组成来看，通用航空业和公共运输航空业共同构成了民用航空业。根据《通用航空飞行管理条例》的定义，通用航空指除军事、警务、海关缉私飞行和公共航空运输飞行以外的航空活动，包括从事工业、农业、林业、渔业、矿业、建筑业的作业飞行和医疗卫生、抢险救灾、气象探测、海洋监测、科学实验、遥感测绘、教育训练、文化体育、旅游观光等方面的飞行活动。国内目前将通用航空的应用领域主要分为了工业作业、农业作业和其他作业三类（图 4-12）。

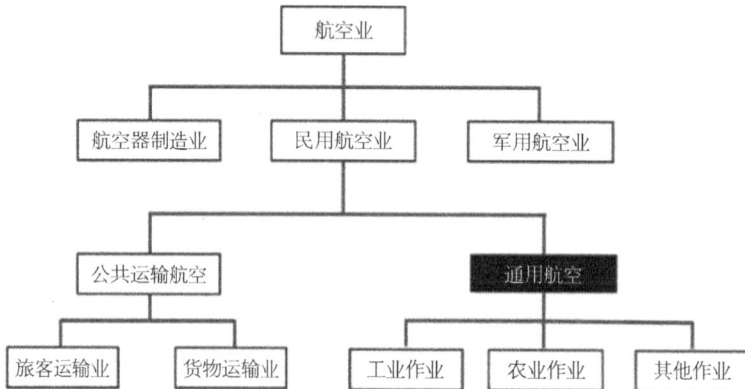

图 4-12　民用航空业由公共运输与通用航空构成

工业作业包括航空探矿、航空巡视、吊挂空投等；农业作业包括航空喷洒、航空播种、航空监护、人工降水等；其他作业则包括医疗抢险、城市消防等救援作业以及商务飞行、航空体育等商业作业。根据《通用航空经营许可管理规定》，通用航空的经营范围可分为甲、乙、丙三类（表 4-6）。

通用航空经营项目分类　　　　　　　　　　　　　　　　　　表 4-6

分类	经营项目内容
甲类	石油服务、直升机机外载荷、人工降水、医疗救护、航空探矿、空中游览、公务飞行、私用或商用飞行、执照培训、直升机引航、通用航空包机飞行
乙类	航空摄影、空中广告、海洋监测、渔业飞行、气象探测、科学实验、城市消防、空中巡查
丙类	飞机播种、空中施肥、空中喷洒植物生长调节剂、空中除草、防治农林业虫害、草原灭鼠、防治卫生害虫、航空护林

2. 通航产业链条非常庞大

按照供需关系和价值流动可以将其分为基础产业、核心产业和应用产业三大板块。

核心产业是通用航空最重要的部分，包含通用航空器制造、通用航空运营及基础设施与保障资源三部分；基础产业为通用航空产业的上游，为核心产业提供资源、技术等支撑；应用产业为通用航空的下游，主要是通用航空作为生产、作业工具或娱乐消费媒介等应用于国民经济三大产业中，是通用航空业与用户终端实现交互及盈利的过程。

4.5.2　发达国家通航产业成熟

1. 美国经验：空域开放 + 机场建设 + 人员培训

美国是世界通航第一强国，美国的发展经验主要归因为政府的扶持，20 世纪 50—80 年代是美国通用航空高速增长期，政府主要通过提供基础设施、政策性监管以及行业支持来扶持通用航空的成长。

20 世纪 50 年代伴随着美国逐渐放开空域管制、加大新建机场力度、给予飞行员培训支持，美国通用航空业开始了 30 年的高速增长期。通用航空飞行小时从 200 万小时上升为接近 4000 万小时。但 80 年代初由于安全引发的产品责任问题这个经济因素导致通用航空业严重受挫，90 年代中期，NASA 项目、通用和支线航空法案共同促进了通用航空的再次腾飞。

2. 美国通航机场现状

美国有近 20000 个机场，其中近 5000 多个是公共机场。这 5000 多个公共机场，只有不到 500 个机场服务于商业航空，其余均为通用航空所用。20 世纪 20—40 年代，许多机场建成，有的是私用，有的是军用，还有的是为边远地区服务。许多前军用机场转为民用。这些举措为美国通航业进入高速发展起到了不可或缺的保证和推动作用。

美国大部分机场的所有权都属于市政府或郡政府，虽然也有为数不多的机场不是由政府部门直接经营，而是由一个独立的公共组织机构负责，如兼数种功能于一身的港务局（以纽约—新泽西港务局为代表），或者是类似于华盛顿特区机场管理局。美国公用机场的私有化程度非常低。美国机场几乎没有股份资本，不实行股利分红，也不用上缴企业所得税。与此相反，众多的欧洲机场，虽然还属于公有制，但是必须上缴企业所得税。

4.5.3　我国通航：整体水平亟待提升

1. 我国通用航空发展历程

我国通用航空产业起步较晚，从 1952 年至今我国通航发展经历了 5 个时期。发展过程中几经波折，时至今日通航整体规模仍然较小。

1952—1965 年为中国通航的起步阶段。这一时期出于中华人民共和国成立初期国民经济建设的需求，中国通用航空主要用于航空摄影、测绘、探矿、救灾等作业。

1966—1976 年中国通航停滞不前。由于处于 10 年"文革"期间，中国通航产业发展停滞，甚至出现体量的倒退。

1977—1994 年中国通航恢复发展。民航局于 1980 年后划归国务院直接领导，1986 年国务院颁布了《关于通用航空管理的暂行规定》，规范了中国通用航空事业各个项目的管理。中国通航涵盖的部门和行业逐渐增多，但整个产业的体量并不稳定。

1995—2010 年中国通航体量持续增长。1995 年底民航总局召开了工作会议，提出了发展通用航空的五大措施。其后中国通航作业种类大大丰富，飞行时间持续增长，在 15 年间年均复合增速为 8.8%，到 2010 年中国通航作业时间达到 13.9 万小时。2011 年至今中国通航产业初具雏形。

2011 年起我国通航飞行时间突破 40 万小时 / 年，在飞机供应、通航运营、飞行培训、机场建设保障及法律监管等各个环节都有了对应部门或企业，产业链雏形已经逐渐形成。

2. 我国通用航空发展现状

2016 年《国务院办公厅关于促进通用航空业发展的指导意见》（国办发〔2016〕38 号）进一步拓宽了通航发展大门，将通用航空上升为国家战略性新兴产业。意见指出到 2020 年，全国建成 500 个以上通用机场，通用航空器达到 5000 架以上，年飞行量 200 万小时以上，培育一批具有市场竞争力的通用航空企业。通用航空器研发制造水平和自主化率有较大提升，国产通用航空器在通用航空机队中的比例明显提高。通用航空业经济规模超过 1 万亿元，初步形成安全、有序、协调的发展格局。

我国通用飞机数量在近 10 年来稳定增长，截至 2015 年，在册通用航空器数量为 2235 架，2006—2010 年间通用航空器数量的年均复合增长率为 9.1%，2010—2015 年通用航空器数量的年均复合增长率为 17.2%，相比之前 5 年增速提升了 8.1 个百分点。相比于世界上通用航空发达的国家和地区，我国通用航空飞机数量规模仍然很小，人均享有的飞机数量更是大大落后。2014 年美国和 2013 年澳大利亚的通用飞机人均享有数量分别为 640.78 架 / 百万人和 590.65 架 / 百万人，为全球最为领先，我国通用飞机人均享有量仅为 1.45 架 / 百万人，不足欧洲地区（151.52 架 / 百万人）的百分之一，航空器规模我国还亟待提升（图 4-13、图 4-14）。

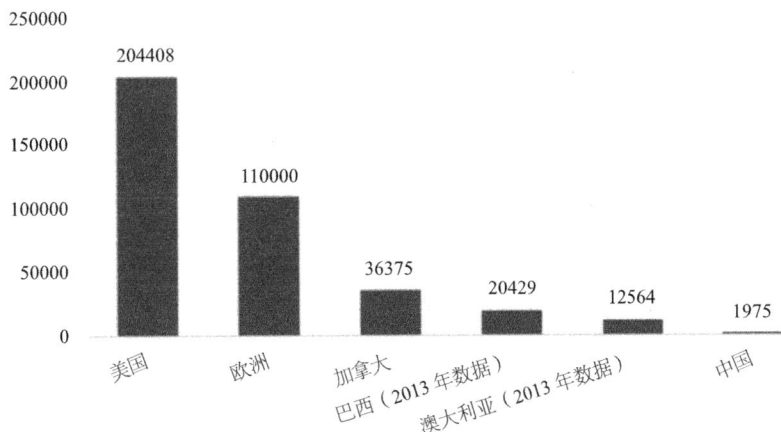

图 4-13　2014 年主要国家（地区）通航飞行器数量对比

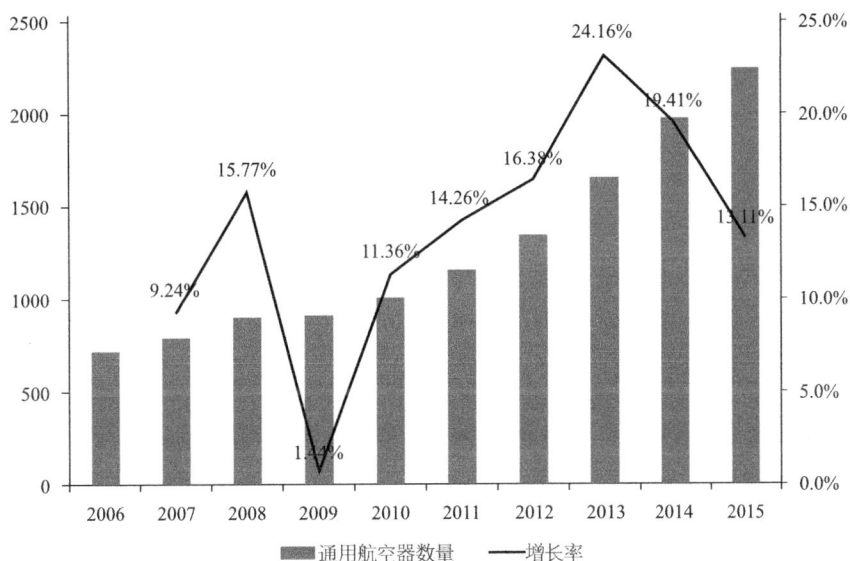

图 4-14　2006—2015 年我国通用航空器数量

　　目前我国通用机场数量较少，无法满足通航飞行进一步发展的需求。2014 年我国通用机场数量为 286 个（含临时起降点），数量规模远低于欧美国家，在人均享有机场数量和单位土地面积的机场密度方面也大大不足。2014 年我国通用机场密度为 2.06 个 / 万 km²，该数据落后于通航发达的国家一个数量级；通用机场人均享有量为 0.21 个 / 百万人，美国为 63.85 个 / 百万人。机场建设与发达国家差距明显（图 4-15）。

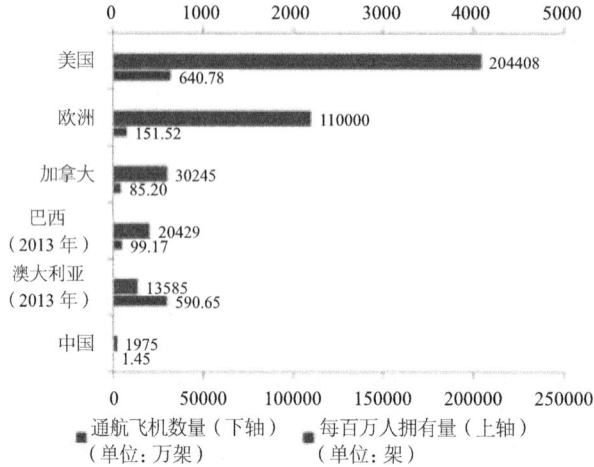

图 4-15　我国通航飞机数量较其他发达国家落后

3.政策利好，未来空间巨大

低空空域的使用放开是通用航空发展的基础，我国低空空域开放不足是长期以来制约我国通航发展的政策痛点，也是目前空域管理改革的主要突破口。我国从 2009 年起开始逐步推进低空空域管理的改革，以改进现有空域管理体系，创造利于通用航空产业发展的法律法规环境。

2009 年 10 月空管委召开低空空域管理改革研讨会，明确将适时开放低空飞行区，拟定于 2020 年完善各项法规。

在 2016 年 5 月国务院下发的《关于促进通用航空业发展的指导意见》（国办发〔2016〕38 号）中进一步强调了要科学推广改革试点，首次提出扩大低空空域真高至 3000m 的目标，将极大加快低空开发步伐。具体改革政策见表 4-7。

我国低空空域管理改革政策逐步推进　表 4-7

政策 / 会议	时间	部门	主要内容
低空空域管理改革研讨会	2009 年 10 月	空管委	会议明确将适时开放低空飞行区域，拟于 2020 年前完善各项法规和低空空域管理
《关于深化我国低空空域管理改革的意见》	2010 年 12 月	国务院、空管委	在 2011 年前进行试点，2015 年前进行试点推广，2016—2020 年进一步深化改革
《通用航空飞行任务审批与管理规定》	2013 年 11 月	民航局	简化通用航空飞行审批流程，规定除 9 种特殊情况外的通航飞行不再进行飞行任务申请与审批
《低空空域使用管理规定（试行）》征求意见稿	2014 年 7 月	空管委	明确了低空空域的划分与管理办法，将低空空域分为管制、监视和报告空域和目视飞行航线

政策／会议	时间	部门	主要内容
全国低空空域管理工作会议	2014 年 11 月	空管委	分步对"两区一岛"和"两大区，七小区"进行 1000m 以下空域管理试点改革
《关于促进通用航空业发展的指导意见》	2016 年 5 月	国务院	提出稳步扩大低空空域开放，未来将低空空域真高提升为 3000m，简化通用航空飞行审批备案

4.5.4 中美通航小镇案例分析

1. 美国范纳伊斯机场小镇

范纳伊斯机场 1928 年 12 月开始运营，机场面积 725 英亩（4400 亩），有两条平行跑道：16R/34L 2439m×46m；16L/34R 1223m×23m。机场坐落于美国加利福尼亚州洛杉矶，是世界上最繁忙的通用机场之一。毗邻洛杉矶市区、好莱坞、环球影城和比弗利山庄，主要经营私人及运营等业务，凭借便利的航空服务吸引众多商务人士和好莱坞明星。基于这一优势，围绕机场核心人群逐步发展出传媒、艺术、金融、商务、娱乐、居住等产业。共有 100 余家运营公司入驻，其中包括 6 家地面固定基地运营商（Fixed Base Operator，FBO），主要提供维修、加油、停靠、租赁、教学、装配、空中救援、新闻媒体等业务，并结合外围相关其他设施配套（图 4-16）。

图 4-16 美国范纳伊斯（Van Nuys）机场及周边产业发展

据统计美国范纳伊斯（Van Nuys）机场年旅客吞吐量为 40 万人次，飞机年起降量为 45 万架次，净利润为 200 万美元左右。范纳伊斯航空小镇入驻企业已达到 240 家以上。2015 年创造超过 10000 就业（其中 5300 个为园区内工作），6.746 亿美元劳动收入，20 亿美元营业收入，2.953 亿美元政府税收。范纳伊斯小镇属于旅游式航空小镇（表 4-8）。

范纳伊斯航空小镇主要构成要素一览表　　　　　　　　　　　表 4-8

序号	构成要素	主要内容
1	机场平台	机场是构成范纳伊斯航空小镇的核心要素，如果没有机场也就无从谈起航空小镇
2	航空飞行	主要包括商业飞行和公共航空飞行两部分内容
3	影视和媒体制作	主要包括媒体采编、制作、传播等服务以及影视拍摄等内容
4	机场地勤和机库服务	主要为机场提供地勤、飞机停泊、养护、维修等服务
5	FBO 和航空俱乐部	主要为机场提供飞机航油、航材、气象、航线服务以及飞机代理、托管和相关商务服务等
6	飞行培训	范纳伊斯机场有航空职业学院（ACE）和初高中学生来机场参观学习，培养了众多的航空人才
7	航空物流	范纳伊斯机场有航空物流仓库，主要为当地提供航空物流服务，如运输电影道具、器材、设备等
8	航空制造	范纳伊斯机场有航空制造企业，如航空电子设备、航空组装等企业
9	航空旅游	主要利用当地旅游资源来提供航空旅游服务
10	高档住宅	范纳伊斯机场位于好莱坞附近，又依山傍水，因而，机场居住了较多的高档住宅

2. 珠海航空产业园

2007 年 12 月，广东省发展改革委正式复函批准创设珠海航空产业园，将其定位为建设成为在国内外航空领域具有较大影响力、较强竞争力、集产学研于一体的航空制造业基地。珠海航空产业园位于金湾区三灶半岛湖滨路以南地区，规划约总面积为 99.0km²，其中山体面积 33.8km²、建设用地面积 65.2km²。

航空产业园大致概括为"一轴两翼三核四区"。"一轴"——航空产业发展轴线，指以环三灶半岛的机场西路、机场东路作为航空产业发展主轴线。"两翼"——航空制造翼和航空服务翼，指以机场为基础和发端，沿机场西路和机场东路发展的产业发展翼。"三核"——制造运营中心（核）、金融科研中心（核）、商业服务中心（核）。"四区"——园区可分为四大片区：

航空产业核心区（2076.9hm²）、航空产业加工区（786.5hm²）、航空城配套加工区（1141.3hm²）、航空城生活配套区（1585.7hm²）。

中国国际航空航天博览会（以下简称航展）由珠海航展有限公司承办，1996 年成功举办首届航展，现已发展成为集贸易性、专业性、观赏性为一体的，代表当今国际航空航天业先进科技主流，展示当今世界航空航天业发展水平的盛会，是世界五大最具国际影响力的航展之一。第十二届中国（珠海）航展已于 2018 年 11 月 6—11 日在珠海顺利举行，中国和俄罗斯合作研制的能载 350 人的商用大飞机 929 型以 1 ∶ 1 的尺寸展示了机头模型。本届航展参加国家和地区 43 个，国内外参展商 770 家，室内展览面积超过 10 万 m²；室外展览面积近 40 万 m²，地面装备动态演示区面积近 11 万 m²；参展的国内外各型飞机超 140 架。

05 第5章
项目投资论证

本章主要是从项目商业模式角度讲述项目选择，本章则重点从投资模型的具体方法上进行讲述阐释。所谓投资模型是以一定数学方程式或方程组来表达投资效果和它的影响因素之间的数量关系。建立投资效果模型包括三个基本要素：一是确定影响效果的基本变量，即把效果作为因变量，探讨它的主要的自变量；二是确定模型的参数，用以表示自变量对因变量的影响程度；三是确定模型的结构形式，即因变量与自变量之间数量联系的数学形式，是线性的或非线性的，是单一方程或联立方程等。本章主要是从投入产出总量匡算、融资结构、合同法律结构、编制财务指标测算表、编制报告及项目建议书以及 PPP 项目投资操作流程等方面进行详细论述，以便对读者投资评价实操进行启发。

5.1 投入产出总量匡算

5.1.1 投资总量

按照收入打紧、支出打足、以收定支的原则，来确定预算年度内投资计划总额的安排，用于支出的资金来源，以及投资项目的实施进度。

5.1.2 现金流量

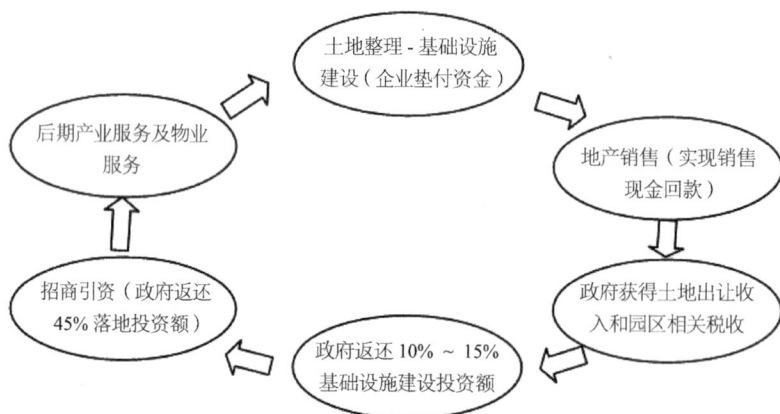

图 5-1 现金流循环逻辑图

5.1.3 产业园区开发现金流循环模型测算 6 个前提条件

（1）园区各类用地比例：按照一般园区各种类型的用地的平均比例，一块 5km² 的园区，各类用地面积如表 5-1 所示。

园区内各类用地比例   表 5-1

	面积（km²）	面积（万 m²）	比例结构
园区整体	5.0	500	100%
其中：住宅用地	1.5	150	30%
商业用地（可建商住）	0.5	50	10%
工业用地	2.0	200	40%
配套建设用地（不可出让）	1.0	100	20%

（2）各类用地价格：以固安工业区起步时的商品房价格与工业厂房价格为基准，计算各类用地价格。住宅价格按 6000 元 /m²，工业厂房价格与

开发成本相当，为 15 万 / 亩。房价与地价的涨幅为 5%。住宅销售速度为 20 万 m²/ 年（表 5-2）。

产业园区各类用地价格　　表 5-2

地价	金额
商品房价格（元 /m²）	6000
楼面地价（元 /m²）	1000
容积率（%）	2
住宅地价（元 /m²）	1500
工业用地价格（元 /m²）	225

（3）园区开发成本：基础设施及土地整理 15 万 / 亩，住宅开发建筑安装费用 3000 元 /m²，每年涨幅按 5% 测算。5km² 的园区，基建及土地整理投入共计 11.2 亿元。

（4）新增落地投资额：根据新增落地投资额的定义，新增落地投资额主要包括入园企业当年新增的固定资产、在建工程、无形资产（土地使用权）、房屋租赁投资等能够测算的投资额。根据此定义，按照落地投资额为新增投资额的 80% 测算。根据对入园企业的要求，投资强度为不低于 150 万 / 亩，假定以 150 万 / 亩作为投资额的测算依据。招商引资服务成本为招商引资返还额的 10%。

（5）园区企业产值与税收：按照固安园区启动时数据测算，平均每平方公里每年可实现 4.8 亿元产值；按照平均综合税率 12.5% 测算，那么每平方公里的区域每年可实现纳税 0.6 亿元。

（6）各时间节点假设：公司与政府签约后即开始进行基建和土地整理。5km² 分 5 年均匀投入。园区管委会与企业每年接受上一年的基建和土地整理费。1 年后，政府开始土地"招拍挂"，分 4 年均匀出让，即每年出让商住用地 50 万 m²，工业用地 50 万 m²。企业拍得住宅用地进行开发，6 个月后进行销售；去化率第 1 年 20%，第 2 年 80%。房地产相关税收按照综合税率 15%（营业税、所得税、土增税）测算。第 1 年底开始招商，3 年完成 5km² 的招商，5 年投资额全部落地，每年结算上一年的招商服务费，共计分 5 年结算。

5.1.4 政府现金流循环模型

从政府的现金流循环来看，政府前 5 年的主要收入来源为企业向其缴纳的土地出让金，之后的收入来源为园区企业缴纳的税款；前 5 年的主要对企业进行基建建设的返还，之后主要对企业的招商返还。政府的增量支出全部由增量收入来支付。所以，政府的净现金流一直为正（表 5-3）。

政府现金流循环模型 **表 5-3**

（单位：亿元）

	T+0	T+1	T+2	T+3	T+4	T+5	T+6	T+7	T+8
政府现金流入		8.8	10.6	10.7	10.8	5.2	5.9	6.7	7.7
其中：土地出让收入		8.8	8.8	8.8	8.8				
税费收入（不含地产）						3.0	3.6	4.3	5.2
房地产税收入			1.9	2.0	2.1	2.2	2.3	2.4	2.5
政府现金流出		6.2	6.8	7.5	8.1	2.6	3.2	2.6	1.9
其中：基建返还		6.2	6.2	6.2	6.2				
招商返还			0.6	1.3	1.9	2.6	3.2	2.6	1.9
政府现金净流入		2.6	3.8	3.3	2.7	2.6	2.7	4.1	5.8
政府累计净现金流		5.7	9.6	12.9	15.7	18.3	21	25.1	30.9

5.1.5 开发商现金流循环模型

从企业的现金流循环来看，企业资金支出的峰值在项目启动后的第 1 年，主要是拿地支付的土地出让金导致的现金流出。到项目启动后的前 5 年净现金流一直为负，主要是拿地以及基建支出造成，加之房地产从拿地到开盘销售需一定的周期；从第 5 年开始净现金流回正，并呈逐年增长趋势。这也是区域从发展期逐步向成熟期转变的标志（表 5-4）。

开发商现金流循环模型 **表 5-4**

（单位：亿元）

	T+0	T+1	T+2	T+3	T+4	T+5	T+6	T+7	T+8
企业现金流入		8.6	19.4	20.7	22.0	17.2	18.6	18.7	18.8
其中：住宅销售		2.4	12.6	13.2	13.9	14.6	15.3	16.1	16.9
收到基建返还		6.2	6.2	6.2	6.2				
收招商引资返还			0.6	1.3	1.9	2.6	3.2	2.6	1.9
企业现金流出	2.3	13.2	19.2	19.8	20.2	11.1	11.8	12.2	12.6

续表

	T+0	T+1	T+2	T+3	T+4	T+5	T+6	T+7	T+8
其中：基建投入	2.3	2.3	2.3	2.3	2.3				
买地投入		7.5	7.5	7.5	7.5				
房地产相关税费			1.9	2.0	2.1	2.2	2.3	2.4	2.5
基建返还纳税		0.3	0.3	0.3					
招商引资返还纳税			0.1	0.3	0.4	0.6	0.7	0.6	0.4
地产建安支出		3.0	6.3	6.6	6.9	7.3	7.7	8.0	8.4
房地产开发三项费		0.2	0.9	0.9	1.0	1.0	1.1	1.1	1.2
企业净现金流	−2.3	−4.6	0.2	0.9	1.8	6.1	6.8	6.5	6.2
企业累计净现金流	−2.3	−7.0	−6.9	−6.1	−4.3	1.8	8.5	15.1	21.4

5.1.6 园区业务盈利点及收益分配模型

园区业务盈利点及收益分配模型 表 5-5

业务	业务内容	结算金额	结算方式	支付方
基础设施建设	在委托区域进行道路、供水、供电、供暖、排水设施、公共项目等基础设施建设管理	实际投资的110%～115%	一次性或分期不超过 3 年	政府工业区管委会或财政局
土地整理	对委托区域内进行土地整理	土地整理成本的110%～115%	一次性或分期不超过 5 年	政府工业区管委会或财政局
产业发展服务	对委托区域内工业园区进行宣传、推广并进行招商引资	新增落地投资额的45%	一次性或分期不超过 3 年	政府工业区管委会或财政局
规划设计咨询	园区整体规划设计	按照经审计的咨询费110%～115%	一次性或分期不超过 3 年	政府工业区管委会或财政局
园区综合服务	对委托区域进行物业管理、公共项目经营与维护等	实际投资的110%	一次性或分期不超过 3 年	政府工业区管委会或财政局

5.1.7 结算费用来源

（1）结算费用来源一般仅限于委托区域内所产生的收入，即指委托期限内委托区域内企业与单位经营活动新产生的各类收入（委托期限内委托区域内，原有企业原址所新产生的各类收入不计入，但新增地建设部分除外），主要包括税收、土地使用权出让收入、非税收入、专项收入、专项基金。

①税收：单位或个人缴纳的属于委托区域内（即根据国家有关税收政策法律的规定，任何单位或个人在委托区域的生产经营、投资、建设、购销、转让、服务等环节形成的，无论该单位或个人是否在委托区域进行登记注册，但原有企业与单位产生的税收收入除外）的税收区级地方留成部分。

②土地出让收入：委托区域留存土地出让收入是指委托区域内全部土地使用权出让的总收入（以下简称"土地出让总收入"）按规定扣除上缴中央、省、市部分并扣除按照市级以上相关规定计提的各项基金或资金后的剩余部分。区（县）计提部分（如有）具体包括的基金或资金的项目及数额由双方依照市级以上规定另行协商确定并优先用于委托区域；居住用地和商业服务业设施用地的土地使用权出让收入地方留存部分，上解地方财政后，剩余部分政府方同意全部作为支付企业方进行委托区域开发相关事项投资成本及收益的资金来源，用于区域开发相关事宜的投入。

③非税收入：委托区域内的非税收入包括基础设施配套费在内的各项行政事业性收费、其他专项收入及专项基金收入；委托区域内基础设施建设项目、公共设施建设项目、房地产开发及三产配套项目所发生的以上所有费用扣除上缴中央、省、市级以外的区级地方留成部分，政府方按一定比例（如5%）上解地方财政，剩余部分政府方同意全部作为支付企业方进行委托区域开发相关事项投资成本及收益的资金来源；为支持招商引资工作，政府方在符合国家相关政策规定的前提下对委托区域内招商引资工业项目提供免收以上各项费用的优惠扶持政策；行政事业单位收取的服务性费用、与开发建设无关的非税收入、人防工程易地建设费、各项罚没款以及未形成实际性财政收入等不作为上述非税收入的基数。

（2）政府方承诺将委托区域内所新产生的收入的区级（县级）地方留成部分（即扣除上缴中央、省、市级部分后的收入），按照约定比例上缴地方财政后的剩余部分全部作为支付企业方的投资成本及投资回报的资金来源。

5.1.8 结算费用流程

（1）中介审计。地方政府审计部门依法聘请经双方认可的第三方机构负责对相关项目进行结算审计。

（2）确认委托区域区级地方留成收入。①双方指定专员，每月负责统计企业、个人在委托区域内缴纳国税、地税、非税收入及专项基金、专项收入，并在次月向双方提交上月有关财政收入统计表、台账。②双方指定专员，每月将上月委托区域内企业、个人所缴纳的各项税、费、土地出让收入等数据、财务凭证，汇总上报政府方确认。

（3）政府方应协调相关政府部门在上报财政收入情况的次月，应将委托区域的区级（县级）地方留成收入按约定及时拨付给政府的园区管委会财政主管部门，由政府园区管委会财政主管部门及时与企业方进行结算。

5.2　融资结构

规模庞大的项目是否能由蓝图变成现实，落实融资是最关键的环节。项目发展周期长、风险大、现金流不确定性强、受政策和行业影响明显。在项目融资中，需要首先确定融资主体，并对融资主体开展融资能力评价，如融资主体本身资源不足，需与合作单位协作推进融资工作，确保项目建设所需资金资源。

5.2.1　各方在融资中的地位和作用

1. 政府

（1）政府性：多将园区项目的融资交于社会资本。事实上，项目本身的质量决定了可融资性；

（2）政府应从政策制定、规划方案设计、风险控制、增信以及履约方面为园区项目融资提供支持；

（3）城区城市经济发展、政府财政实力、信用等级、行业因素对融资具有重大影响；

（4）政府应充分进行调查研究、市场测试。在项目投融资结构、回报机制、政府支出义务保障、核心边界条件、合同权利义务上完善机制安排、合理分配风险，并着重在融资与再融资方面为社会资本预留充足的灵活性和优化空间，包括项目公司股权安排、资本金比例、可适用的融资方式、股权转让限制、提前终止补偿、资产证券化接口等。为保障园区的建设进度及未来的长期稳定运营，同时提高项目吸引力及发挥财务杠杆作用，政府在设计项目投融资结构时，股权资本与债权资金的比例需要着重关注核心边界条件，最终从绩效结果导向使园区项目发展成功。

2. 金融机构

金融机构及各类投资者是园区项目庞大资金渠道的输血来源。过去几年有很多创新，也带来一些问题。资管新规出台后，现正处于摸索阶段。

（1）金融机构应针对园区项目特点，创新模式，积极探索基金、券商等直接融资的渠道，拓宽资金来源，降低项目融资成本。

（2）提前介入园区开发项目结构安排设计，协助政府优化投融资结构和边界条件，降低园区项目开发风险，成为园区项目成功的助推器。

3. 社会资本

（1）国务院对固定资产投资项目资本金制度有原则性的规定，除交通基础设施等外，其他项目最低资本金比例为30%。目前多数PPP项目的资本金比例在20%～50%。

（2）一般而言，在项目公司组建阶段，可吸引各类产业投资基金、保险资金股权方式来投资；项目建设和运营初期，投入较大，尚未形成稳定现金流收入，不以银行贷款为主;项目进入稳定运营期，可考虑项目收益债、资产证券化、引入财务投资人等，回收类投入资金，以支持新增投入、降低股权比例、置换高融资成本等。

（3）社会资本股东需注意控制整体财务风险。

5.2.2 股权融资

1. 融资的一般原则

（1）战略正确，公司发展业绩优异、前景良好，管理层可靠，园区项目吸引力强大。

（2）融资行为分为直接融资和间接融资，也称为股权融资和债务融资，融资方式不同，要求、做法也不同，融资成本代价也不同，总体要做到综合成本最合理。

（3）在银资整体安排上，统筹策划，淡定而动，优先安排债务融资，再安排股权融资。比较之下，前者更难，难者先做。新创企业，如园区项目宜先策划资本金（即股权融资），再寻求债务融资。

2. 社会资本股东筹措资本金

（1）公司实力雄厚、筹措资金投入园区项目作资本金，资本来源自由现金、公开发行股票上市、供股配股、优先股、发行认股、可换股债券等。

（2）社会资本股东需注意控制整体财务风险。

3. 产业基金

（1）在PPP项目中，产业投资基金一般以股权投资形式参与项目公司之中，项目公司根据 PPP 的经营权负责投融资、建设、运营等，未来通过项目股权转让 / 回购、资产证券化、项目清算等退出。

图 5-2 中，LP（Limited Partner）即有限合伙人。根据《合伙企业法》第六十一条：有限合伙企业由二个以上五十个以下合伙人设立。

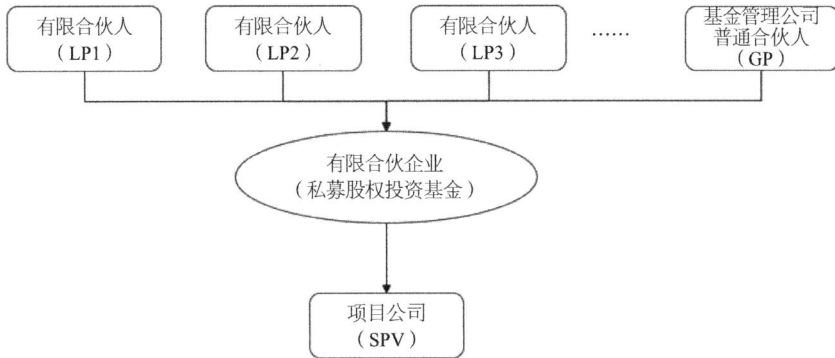

图 5-2 产业基金交易结构

GP（General Partner）即普通合伙人。根据《合伙企业法》的规定，有限合伙企业至少应当有一个普通合伙人。

SPV（Special Purpose Vehicle）即特殊目的实体，一般为项目公司。

（2）根据规定，分级私募产品应当根据所投资资产的风险程度设定分级比例。其中，固定收益类产品的分级比例不得超过 3：1，权益类产品的分级比例不得超过 1：1，商品及金融衍生品类产品、混合类产品的分级比例不得超过 2：1。

（3）根据规定，不得通过引入"名股实债"类股权资金或购买劣后级份额等方式承担本应由其他方承担的风险。

4. 融资租赁

即项目公司与融资租赁公司通过直接融资租赁、设备融资租赁、售后回租等方式，将其名下资产作为租赁物转让给租赁公司，获得资金，并通过支付租金保持对资产的占有权和收费权。

融资租赁可以盘活存量资产、拓宽融资渠道；融资租赁资金安排与租金支付十分灵活；融资租赁租金不计入企业债务；需要企业合理控制融资租赁业务的融资成本。

5.2.3 债权融资

园区项目可利用的债权融资方式包括但不限于银行贷款、债券融资、资管计划、资产证券化等。

1. 银行贷款

包括普通公司融资和项目融资。普通融资是社会资本，即项目公司股东本身作为贷款人，接受银行的财务审查，承担全部风险。还款由投资者自身负责，参考未来项目现金流；项目融资是以项目公司作为贷款主体，以项目公司的资产、未来的现金收益和其他各项权益作为融资保障，向贷款人提供担保。项目公司对融资承担全部责任。

（1）银行贷款以项目公司作为贷款主体，以项目公司的资产、未来的现金收益和其他各项权益作为融资保障，向贷款人提供担保。项目公司对融资承担全部责任。

（2）项目还款来源通常为项目自身现金流，担保方式包括项目收益权质押、项目资产抵押、土地使用权抵押、保险受益权质押及间接合同安排。

（3）项目融资的一般流程如表5-6所示。

项目融资流程 表5-6

序号	步骤	内容
1	项目推介	社会资本向金融机构推介项目、共享项目公开渠道文件
2	市场测试	邀请金融机构参与市场测试，政府/社会资本征询其对项目实施方案的优化意见
3	内容评估审核	金融机构开展内部评估审核
4	搭建财务模型	社会资本搭建财务模型，建立风险矩阵与风险应对策略
5	编制材料	社会资本协助金融机构编制项目申请报告，确定核心框架条件
6	意向函	社会资本获取融资意向函或融资承诺函
7	提供招标文件	项目公司发布招标公告，社会资本向银行提供项目招标文件，确定适用的融资条件，优化投融资方案
8	签署协议	社会资本追踪各类合同签署情况，落实保险等相关安排，签署融资协议

2. 债券融资

（1）传统企业债、公司债对发行主体要求比较高，同时限制资产及发债规模比例，其好处是融资成本低，往往低于同期央行中长期贷款基准利率。

（2）国家发展改革委核准发行的企业债、项目收益债、未项债。这类债券对社会资本股东、项目公司的财务状况有一定的要求。是 PPP 融资项目的主要工具之一。

3. 资管计划

（1）资产管理是指对各类资产、股权、债权、其他财产和资产组合进行委托管理、运用和处分，以达到保值、增值等目的的金融服务。

（2）资管产品及资管渠道众多，包括信托计划、基金管理、保险资管、券商资管、银行理财等。对于具有大额融资需要的 PPP 项目，各类资管计划是资金来源的重要渠道。

（3）保险资金规模大、成本较低、回报期限长，借助资管计划参与 PPP 项目具有天然优势，但对项目收益和稳定性要求较高。制定信托发行计划，门槛低，可获取融资金额大，但其资金使用成本往往在各类融资方式中居高不下。

（4）资管计划禁止的情况（表 5-7）

资管计划禁止性法规

表 5-7

序号	文件	内容	备注
1	《关于进一步规范商业银行个人理财业务投资管理有关问题的通知》（银监发〔2009〕65 号）	• 理财资金不得投资于未上市企业股权和上市公司非公开发行或交易的股份	银行理财不可直接投资 SPV
2	《关于规范政府和社会资本合作（PPP）综合信息平台项目库管理的通知》（财办金〔2016〕92 号）	• 不符合规范运作要求。包括违反相关法律和政策规定，未按时足额缴纳项目资本金、以债务性资金充当资本金或由第三方代持社会资本方股份的	"小股大债"模式受到限制，禁止以股东借款充当资本金
3	《关于规范金融机构资产管理业务的指导意见》（银发〔2018〕106 号）	• 应当做到每只资产管理产品的资金单独管理、单独建账、单独核算，不得开展或者参与具有滚动发行、集合运作、分离定价特征的资金池业务； • 资产管理产品直接或者间接投资于未上市企业股权及其受（收）益权的，应当为封闭式资产管理产品，并明确股权及其受（收）益权的退出安排。未上市企业股权及其受（收）益权的退出日不得晚于封闭式资产管理产品的到期日	禁止资金池及期限错配，PPP 项目融资期限将缩短
4	同上	• 分级私募产品应当根据所投资资产的风险程度设定分级比例； • 权益类产品的分级比例不得超过 1：1	杠杆比例受限，结构化融资受限

序号	文件	内容	备注
5	《关于规范金融机构资产管理业务的指导意见》（银发〔2018〕106号）	• 资产管理产品可以再投资一层资产管理产品，但所投资的资产管理产品不得再投资公募证券投资基金以外的资产管理产品	禁止多层嵌套
6	《关于加强中央企业 PPP 业务风险管控的通知》（国资发财管〔2016〕192号）	• 不得通过引入"名股实债"类股权资金或购买劣后级份额等方式承担本应由其他方承担的风险	PPP 项目不得采用结构化融资

4. 资产证券化

资产证券化是指以基础资产所产生的现金流为偿付支持，通过结构化等方式，进行信用增级，在此基础上发行资产支持证券的业务活动。这个做法为社会资本的退出提供了解决路径。

针对这项业务，2016年12月，国家发展改革委、证监会曾发文（发改投资〔2016〕2698号）提出了严格要求；2017年6月，财政部、人民银行、证监会财金〔2017〕55号文适当扩大了范围。归纳起来，具备资产证券化条件：合规性、稳定运营，以及最为重要的要求长期稳定，具有稳定预期现金流，项目已建成且正常运营2年以上，建立合理的投资回报机制等。

5. 其他融资

众所周知，为解决园区前期巨额投入，吸引产业落地，社会资本寻求二级开发支撑业绩及现金流，主要是房地产销售。在 PPP 项目机制的设计中，将适当的经营性资源与园区自身相结合，土地的获取还需合理设计安排，以提升社会资本和金融机构参与的积极性和创造性。

还有，债务重组、债权转让、夹层融资、上市公司定向增发、短期融资债券、银行承兑汇票等。

5.2.4 中国 PPP 基金

设置融资方案时，为 PPP 基金的引入设置预留口。待项目中标后，成功引入 PPP 基金，从而降低社会资本的压力。

1. 中国 PPP 基金筛选项目标准

潜在的投资项目一般应具备以下条件：

（1）在签署正式投资协议前需纳入财政部全国 PPP 综合信息平台项目库或国家发展改革委 PPP 项目库。

（2）投资区域属于国务院批准设立的地级市（含市辖区）以上、百强县及经济实力较强的县。

（3）有重大政治、社会意义和模式推广价值的项目。

（4）债权类投资具有能够完全覆盖投资风险的担保措施。

（5）产权结构简单，收益预期良好，退出渠道清晰，管理团队优秀。

2. PPP 基金合规性审查

中国 PPP 基金筛选项目标准 表 5-8

序号	范围	内容
1	主体合规自查	• 项目实施机构是否为政府或其指定的有关职能部门或事业单位； • 项目是否由国有企业或融资平台公司作为政府方签署 PPP 项目合同； • 中标社会资本是否为本级政府所属融资平台公司及其他控股国有企业（按规定转型的融资平台公司除外）
2	客体合规自查	• 项目是否属于不适宜采用 PPP 模式实施的情形：①不属于公共服务领域，政府不负有提供义务的，如商业地产开发、招商引资项目等；②因涉及国家安全或重大公共利益等，不适宜由社会资本承担的；③仅涉及工程建设，无运营内容的； • 项目是否属于不宜继续采用 PPP 模式实施的情形：①入库之日起一年内无任何实质性进展的；②尚未进入采购阶段但所属本级政府当前及以后年度财政承受能力已超过 10% 上限的；③项目发起人或实施机构已书面确认不再采用 PPP 模式实施的； • 项目是否采用建设—移交（BT）方式实施的； • 地方政府及其所属部门是否为单位和个人的债务提供担保； • 地方政府及其所属部门是否承诺回购社会资本方的投资本金； • 地方政府及其所属部门是否承担社会资本方的投资本金损失； • 地方政府及其所属部门是否向社会资本方承诺最低收益； • 地方政府及其所属部门是否对有限合伙制基金等股权投资方式额外附加条款变相举债； • PPP 项目主体或其他社会资本是否违规取得未供应的土地使用权或变相取得土地收益； • PPP 项目主体或其他社会资本是否作为项目主体参与土地收储和前期开发等工作； • PPP 项目主体或其他社会资本是否借未供应的土地进行融资； • PPP 项目的资金来源与未来收益及清偿责任是否与土地出让收入挂钩； • 拟纳入财政部 PPP 项目库的项目是否建立按效付费机制； • 是否存在债务性资金充当资本金及第三方代持社会资本方股份的情况
3	PPP 程序合规	• 项目是否按规定开展通过物有所值评价和财政承受能力论证； • 项目所属地方的全部 PPP 项目每一年度需要从当地政府预算中安排的政府支出责任，占一般公共预算支出比例是否超过 10%； • 项目采购方式； • 项目采购流程是否符合规范运作要求； • 新建、改扩建项目未按规定履行相关立项审批手续的； • 存量项目是否按规定办理资产评估及权属转让、变更手续； • 受让国有及国有控股企业、国有实际控制企业所持项目公司股权，或对国有及国有控股、国有实际控制的项目公司增资、资产转让，是否履行国有资产的评估程序以及进场交易程序； • 受让国有及国有控股金融企业所持国有资产，是否履行金融企业国有资产转让规定程序； • 金融企业控股的项目公司增资扩股，是否履行金融企业国有资产管理相关程序

5.3 合同法律结构

5.3.1 合同体系

该部分以 PPP 模式为例，来说明项目投资合同法律体系的基本框架。加强对 PPP 合同的起草、谈判、履行、变更、解除、转让、终止直到失败的全过程管理。通过合同正确表达意愿、合理分配风险、妥善履行义务、有效主张权利，是政府和社会资本长期友好合作的重要基础，也是 PPP 项目顺利实施的重要保障（图 5-3）。

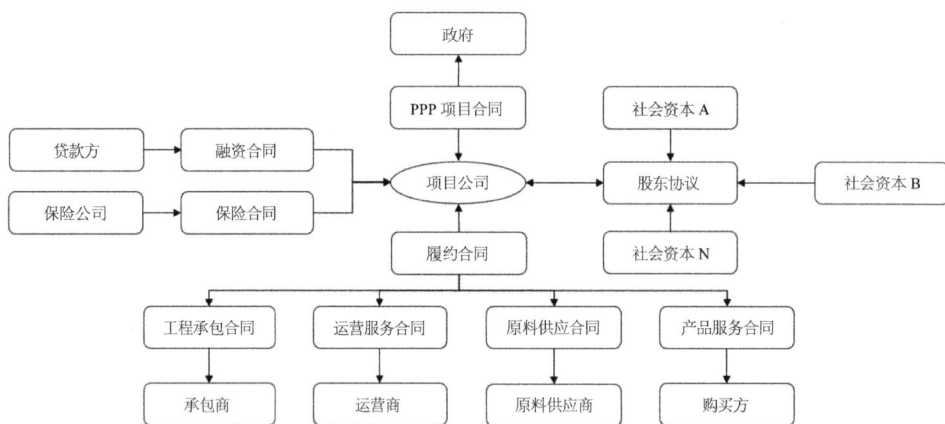

图 5-3 PPP 项目合同体系

5.3.2 合同主要参与方

PPP 项目主要参与方包括政府、社会资本以及融资方。

（1）政府：公共事务管理者；公共产品或服务的购买者；项目参股者。

（2）社会资本方：依法设立且有效存续的具有法人资格的企业，可以是一家企业，也可以是多家企业组成的联合体出资设立项目公司，负责具体实施。

（3）融资方：商业银行、多边金融机构（如世界银行、亚洲开发银行等）以及非银行金融机构（如信托公司）等。可以是一两家或组织银团、贷款、债券、资产证券化等。

（4）承包商：负责项目建设，通常与项目公司签订固定价格、固定工期的工程总承包合同。

（5）专业运营商：项目公司有时会将项目部分的运营和维护事务交给专业运营商负责。

（6）保险公司：资金量大、时间长、风险多，项目公司及承包商、运营商等向保险公司投保，进一步分散和转移风险。

此外，还需借助投资、法律、技术、财务、保险代理等方面的专业技术力量，有关机构参与其中。

5.3.3　合同体系

项目参与各方通过签订一系列合同来确定和调整彼此之间的权利义务关系，构成合同体系（图 5-4）。

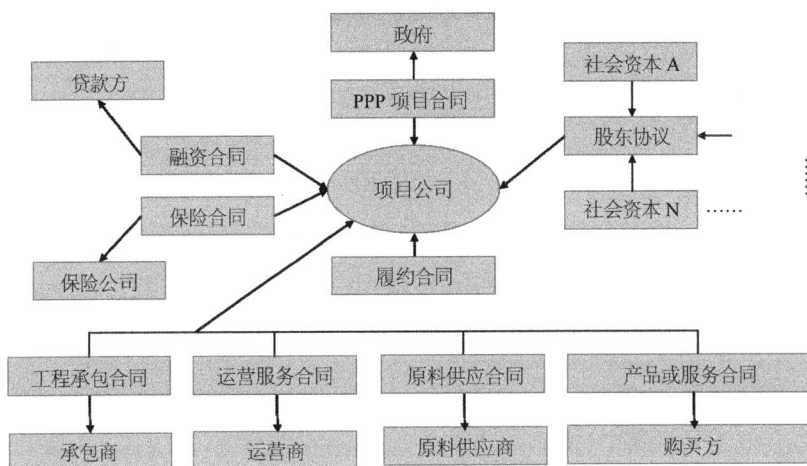

图 5-4　PPP 项目基本合同体系

1. PPP 项目合同

政府方与社会资本方依法就项目合作所订立的合同，又称特许经营协议（合同）。

在项目初期阶段，项目公司尚未成立时，政府才会先与社会资本（即项目投资人）签订意向书、备忘录或者框架协议，以明确双方的合作意向，详细约定双方有关项目开发的关键权利义务。待项目公司成立后，由项目公司与政府方重新签署正式 PPP 项目合同，或签署关于承继上述协议的补充合同。

2. 股东协议

股东协议由项目公司的股东签订，以在股东之间建立长期的、有约束力的合约关系。其目的在于设立项目公司，通常包括参与项目建设、运营的承包商、运营商、融资方等主体。

股东协议通常包括以下主要条款：前提条件、项目公司的设立和融资、项目公司的经营范围、股东权利、履行 PPP 项目合同的股东承诺、股东的商业计划、股权转让、股东会、董事会、监事会组成及其职权范围、股息分配、违约、终止及终止后处理机制、不可抗力适用法律和争议解决。

3. 工程承包合同

将部分可全部设计、采购、建设工作委托给工程承包商。

4. 运营服务合同

将部分或全部的运营和维护事务外包给有经验的专业运营商。此事，事前应取得政府的同意。

5. 融资合同

PPP 项目公司一般只作为融资主体和项目运营管理者而存在。融资合同包括项目公司与融资方签订的项目贷款合同、担保人就项目贷款与融资方签订的担保合同、政府与融资方和项目公司签订的直接介入协议等多个合同。其中贷款合同是最主要的融资合同。

在项目贷款合同中一般会包括以下条款：陈述与保证、前提条件、偿还贷款、担保与保障、抵销、违约、适用法律与争议解决等。同时，出于贷款安全性的考虑，融资方往往要求项目公司以其财产或其他权益作为抵押或质押，或由其母公司提供某种形式的担保或由政府作出某种承诺，这些融资保障措施通常会在担保合同、直接介入协议以及 PPP 项目合同中予以具体体现。

6. 保险合同

由于 PPP 项目通常资金规模大、生命周期长，负责项目实施的项目公司及其他相关参与方，通常需要对项目融资、建设、运营等不同阶段的不同类型的风险分别进行投保。通常可能涉及的各类保险包括货物运输险、工程一切险、针对设计或其他专业服务的职业保障险、针对间接损失的保险、第三者责任险。

5.3.4　合同关键条款

表 5-9 是以 PPP 项目为例来说明合同关键条款。

合同关键条款 表 5-9

序号	大类	小类	具体条款
1	项目合作范围与期限	项目合作范围	• 明确约定政府与项目公司在项目合作期限内的合作范围与主要合作内容，是 PPP 项目合同的核心条款。一般包括设计、融资、建设、运营、维护等，这是排他的
		项目合作期限	• 一般有两种： • 自合同生效之日起一个固定的期限； • 分别设置独立的设计建设期间和运营期
2	合同生效的前提条件	完成融资交割	• 通常有项目公司负责人发起，是 PPP 项目最终的前提条件
		获得相关项目审核	• 由项目公司或政府负责发起。 • 此外，还有项目公司提交建设期履约保函等担保、项目公司已取得足额保险等，也有延长项目合作期限、提前终止的合作期限调整机制条款
3	项目融资条款	项目公司的融资权利和义务	• 完不成则项目公司股东（社会资本方）提供融资支持，或直接进行出资
		项目公司资产作为融资支持	• 项目资产和权益抵押、质押
		再融资	• 再融资应增加项目收益，且不影响项目实施，签署再融资协议前须通过政府的审批
		社会资本方进行资本金融资的权利	• 其融资方式、融资期限等进行待定。取得政府书面同意，同意避免后续资本金融资造成项目合同的变更
4	项目用地条款	土地的提供	• 通常由政府负责土地使用权的提供
		费用的承担	• 通常政府出资一部分，项目公司也可能出一部分
		用地限制	• 通常规定，未经政府批准，项目公司不得将该项目涉及的土地使用权转让给第三方，或用于该项目以外的其他用途
5	项目建设条款	项目设计	• 一般分为可行性研究、初步设计和施工图设计三个阶段。 • 项目设计责任主体来分工。一般可行性研究、项目产出说明等由政府方完成，政府亦可委托社会资本方完成。初步设计、施工图设计有项目公司完成； • 项目设计标准； • 设计审查
		项目建设	• 建设标准； • 建设时间要求； • 政府方介入与监督
6	项目运营条款	开始运营的条件和时间	• 开始运营条件； • 开始运营时间
		无法运营的结果	• 因项目公司原因，则无法获得付费。运营期缩短，支付逾期违约金； • 因政府原因，则通常政府需延长工期和赔偿费用

序号	大类	小类	具体条款
6	项目运营条款	运营责任的划分	• 入场检查； • 定期获得报告资料
7	项目付费机制	项目付费机制类型	• 政府付费； • 用者付费； • 可行性缺口补助
		定价和调价机制	• 明确项目定价的依据、标准、调价的条件、方法程序，以及是否需要设置唯一性条款和超额利润限制机制等
8	股权变更限制	股权变更的范围	• 直接或间接转让股权； • 并购、增发等其他方式导致的股权变更
		股权变更限制	• 锁定期； • 锁定期期限
9	履约担保		• 建设期的履约保函； • 运营维护期的履约保函； • 移交维护保函
10	政府承诺		• 付款或补助； • 提供相关连接设施； • 办理有关政府审批手续； • 其他承诺
11	项目移交	移交范围	• 社会资本方将PPP项目下的资产及其所有权移交给政府方的范围和内容
		移交标准	• 权利方面的条件和标准； • 技术方面的条件和标准：技术、安全和环保标准
		移交程序	• 评估和测试； • 移交手续办理； • 移交费用承担
12	争议解决机制		• 协商解决、专家裁决、行政复议及行政诉讼

5.4 编制财务指标测算表

5.4.1 投资总额测算表

（1）投资总额测算表包括建设投资和建设期利息两部分。建设投资是项目费用的重要组成，是项目财务分析的基础数据，可根据项目前期研究不同阶段、对投资估算精度的要求及相关规定选用估算方法（表5-10）。

（2）按照概算法分类，建设投资由工程费用、工程建设其他费用和预备费三部分组成。其中工程费用又由建筑工程费、设备购置费（含工器具及生产家具购置费）和安装工程费组成；工程建设其他费用内容较多，且随行业和项目的不同而有所区别；预备费包括基本预备费和涨价预备费。

（3）建设期利息需要根据项目进度计划，提出建设投资分年计划，列出各年投资额，并明确其中的外汇和人民币。

投资总额测算表　　　　　　　　　表 5-10

序号	工程或费用名称	建筑工程费	设备购置费	安装工程费	其他费用	合计	比例（10%）
1	工程费用						
1.1	主体工程						
1.2	辅助工程						
1.3	公用工程						
…							
2	工程建设其他费用	说明：					
2.1	勘察费	● 工程建设流程一般经过项目建议书和可行性研究阶段、初步设计阶段、施					
2.2	设计费	工图设计阶段、招标投标阶段、合同实施阶段和竣工验收阶段，与之相匹					
2.3	保险费	配的测算分别为投资估算、设计概算、预算造价、合同价、结算价和决算价。					
…		● 项目建议书阶段的投资估算是审批的重要依据之一；项目可行性研究阶段					
3	预备费	的投资估算是项目抉择的主要依据之一，也是研究、剖析、计算项目投资					
3.1	基本预备费	的主要前提					
3.2	涨价预备费						
4	建设投资合计						
5	建设期利息						
6	总投资						

5.4.2　盈亏测算表

盈亏测算表　　　　　　　　　表 5-11

序号	项目	合计	计算期				
			1	2	3	…	N
1	营业收入						
2	税金及附加						
3	总成本费用		说明：				
4	补贴收入		● 营业收入一般包括可行性缺口补助、使用者付费或其他收入等，为不				
5	利润总额（1-2-3-4）		含增值税的收入。				
6	弥补亏损		● 税金及附加一般包括城建税、教育费附加及地方教育费附加、印花税、				
7	应纳税所得额（5-6）		房产税以及土地使用税等。				
8	所得税		● 总成本费用一般包括营业成本（不含增值税）、折旧与摊销费用和财				
9	净利润（5-8）		务费用等。				
10	期初未分配利润		● 法定盈余公积一般按照当年实现的净利润的 10% 提取				
11	可供分配利润（9+10）						

序号	项目	合计	计算期				
			1	2	3	…	N
12	提供法定盈余公积						
13	可供投资者分配的利润（11-12）						
14.1	应付优先股股利						
14.2	提取任意盈余公积						
15	应付普通股股利（13-14.1-14.2）						
16	各投资方利润分配						
	其中：XX方						
17	未分配利润						
18	息税前利润（利息总额+利息支出）						
19	息税前折旧摊销利润（息税前利润+折旧+摊销）						

说明：
- 营业收入一般包括可行性缺口补助、使用者付费或其他收入等，为不含增值税的收入。
- 税金及附加一般包括城建税、教育费附加及地方教育费附加、印花税、房产税以及土地使用税等。
- 总成本费用一般包括营业成本（不含增值税）、折旧与摊销费用和财务费用等。
- 法定盈余公积一般按照当年实现的净利润的10%提取

5.4.3 现金流量测算表

（1）现金流量测算表包括项目投资现金流量测算表和项目资本金现金流量测算表两部分。

（2）项目投资现金流量测算表，反映的是融资前项目投资现金流量分析，是从项目投资总获利能力角度，考察项目方案设计的合理性。根据需要，可从所得税前和所得税后两个角度进行考察，选择计算所得税前和所得税后的相关指标（表5-12）。

项目投资现金流量测算表 表5-12

序号	项目	合计	计算期				
			1	2	3	…	N
1	现金流入						
1.1	营业收入						
1.2	补贴收入						
1.3	回收固定资产余值						
1.4	回收流动资金						
2	弥补亏损						
2.1	现金流出						
2.2	建设投资						

说明：
- 营业收入、补贴收入均为含增值税的收入。
- 流动资金回收一般为合作期结束后前期垫支的流动资金的回收。
- 建设投资为不含资本化利息的投资额。
- 经营成本为含增值税的成本。
- 税金及附加中包含增值税、城建税、教育费附加和地方教育费附加、印花税等。
- 调整所得税为以息税前利润为基数计算的所得税，区别于盈亏平衡表项目资本金现金流

续表

序号	项目	合计	计算期				
			1	2	3	…	N
2.3	流动资金						
2.4	经营成本		说明：				
2.5	税金及附加		• 营业收入、补贴收入均为含增值税的收入。				
3	维持运营投资		• 流动资金回收一般为合作期结束后前期垫支的流动资金的回收。				
4	所得税前净现金流量 （1-2）		• 建设投资为不含资本化利息的投资额。 • 经营成本为含增值税的成本。				
5	累计所得税前净现金流量		• 税金及附加中包含增值税、城建税、教育费附加和地方教育费附加、印花税等。				
6	所得税后净现金流量 （3-5）		• 调整所得税为以息税前利润为基数计算的所得税，区别于盈亏平衡表项目资本金现金流				
7	累计所得税后净现金流量						

计算指标：
项目投资财务内部收益率（%）（所得税前）
项目投资财务内部收益率（%）（所得税后）
项目投资财务净现值（所得税前）（$i=$%）
项目投资财务净现值（所得税后）（$i=$%）
项目投资回收期（年）（所得税前）
项目投资回收期（年）（所得税后）

（3）资本金现金流量测算表，反映的是融资后项目投资现金流量分析，包括项目的盈利能力分析、偿债能力分析以及财务生存能力分析，进而判断项目方案在融资条件下的合理性。融资后分析是比选融资方案，进行融资决策和投资者最终决定出资的依据。可行性研究阶段必须进行融资后分析，但只是阶段性。在可行性研究报告完成之后，还需要进一步深化融资后分析，才能完成最终融资决策（表 5-13）。

项目资本金现金流量测算表　　　　表 5-13

序号	项目	合计	计算期				
			1	2	3	…	N
1	现金流入						
1.1	营业收入						
1.2	补贴收入		说明：				
1.3	回收固定资产余值		• 项目资本金包括用于建设投资、建设期利息和流动资金的资金。				
1.4	回收流动资金		• 该表用来测算考虑项目股东股比之后的全投资项目资本金现金流量测算表				
2	现金流出						
2.1	项目资本金						

续表

序号	项目	合计	计算期				
			1	2	3	...	N
2.2	借款本金偿还						
2.3	借款利息支付						
2.4	经营成本						
2.5	税金及附加						
2.6	维持运营投资	说明:					
3	所得税前净现金流量（1-2）	• 项目资本金包括用于建设投资、建设期利息和流动资金的资金。					
4	累计所得税前净现金流量	• 该表用来测算考虑项目股东股比之后的全投资项目资本金现金流量测算表					
5	所得税						
6	所得税后净现金流量（3-5）						
7	累计所得税后净现金流量						

计算指标:
项目资本金内部收益率（%）(所得税前)
项目资本金内部收益率（%）(所得税后)
项目资本金净现值（所得税前）($i=$ %)
项目资本金净现值（所得税后）($i=$ %)
项目资本金回收期（年）(所得税前)
项目资本金回收期（年）(所得税后)

投资各方现金流量测算表 表 5-14

序号	项目	合计	计算期				
			1	2	3	...	N
1	现金流入						
1.1	利润分配						
1.2	回收权益资金						
1.3	咨询服务收入						
1.4	其他现金流入						
2	现金流出	说明:					
2.1	资本金	• 回收权益资金一般为合作期结束后，项目公司清算时，投资各方将剩余权益资金按照股权比例的分配					
2.2	增值税（咨询服务收入）						
2.3	税金及附加(咨询服务收入)						
2.4	所得税（咨询服务收入）						
2.5	其他现金流出						
3	净现金流量（1-2）						

计算指标:
投资各方内部收益率（%）

5.5　编制报告及项目建议书

产业园区投资前期研究决策，即产业园区的立项工作，主要包括机会研究、可行性研究、项目建议书、可行性研究报告编制、可行性研究报告的审批及立项等内容。

5.5.1　机会研究报告与预可行性研究报告

1. 一般性投资机会研究及预可行性研究的内容

（1）地区投资机会研究

选择一个特定地区，研究寻找适合于投资方向的机会。

（2）行业研究

选择一个特定行业，研究寻找适合于投资的机会。

（3）资源研究

选择利用自然资源、农业或工业产品，研究寻找适合于投资方向的机会。

2. 园区产业规划

以前瞻的眼光、宏观的布局、科学的理论、客观的实践和详实的数据，对产业园区各项目作整体的、方向性的构想、筹划和计划。包括如下方面：

（1）区域产业研究；

（2）产业园区的经营管理系统设计；

（3）产业园区招商引资系统设计；

（4）产业链设计；

（5）运营链设计；

（6）供应链设计；

（7）载体链设计。

3. 园区机会研究报告纲要（预可行性研究报告纲要）

（1）自然环境分析；

（2）政治环境分析；

（3）经济环境分析；

（4）城市发展规划分析；

（5）园区（项目）行业市场分析与预测；

（6）发现投资机会，确定投资方向，构思产业布局及投资项目；

（7）选择投资方式，拟实园区（项目）实施的初步方案；

（8）估算投资问题，预测实现目标；

（9）如何进行园区（项目）开发对政府的建议；

（10）社会投资者情况简介；

（11）社会投资者实力分析；

（12）对公司是否主导、参与园区（项目）开发的建议。

5.5.2　可行性研究报告

1. 可行性研究步骤

（1）开始筹划阶段：了解情况，制定工作计划，研究小组人员分工；

（2）调查研究阶段；

（3）优化和选择方案阶段；

（4）详细研究阶段；

（5）编制可行性研究报告阶段。

2. 参考可行性研究报告大纲，撰写可行性研究报告

（1）概述；

（2）市场调查和研究；

（3）资源、原材料、燃料及公用设施情况；

（4）建厂条件和厂址方案；

（5）设计方案；

（6）环境保护；

（7）投资估算和资金筹措；

（8）法律、合同、股权结构；

（9）项目财务评价；

（10）项目风险分析；

（11）企业组织、劳动定员和人员培训估算；

（12）实施进度建议；

（13）社会及经济效果评价；

（14）结论。

3.评价可行性研究报告

可行性研究是业主作出投资决策的依据。要评价项目是否符合国家产业政策、法律法规，对所在地方经济社会发展和作用，内容是否确实、完整，分析和计算是否正确，最终确定投资机会的选择是否合理、可行。

4.审批可行性研究报告

按拟建项目级别划分可行性研究报告审批权限。可行性研究报告申报的一般报批材料包括如下内容：

（1）可行性研究报告的上报文；

（2）可行性研究报告（含规划设计方案）；

（3）项目建议书批复文件；

（4）法人证明；

（5）规划意见的项目选址意见书，或建设工程规划设计要求；

（6）建设项目用地预审意见（"招拍挂"取得土地的证明文件，或土地使用权、出让协议、房地产权证）；

（7）环境影响审批意见；

（8）项目资本金证明，银行贷款承诺函，或其他来源资金证明；

（9）能源消耗情况汇总表。

5.5.3　项目建议书

（1）在机会研究报告，或可行性研究报告的基础上，形成建议书，通常由业主或业主委托咨询机构负责完成。业主负责进行审查。

（2）参考项目建议书纲要，撰写项目建议书。项目建议书大纲包括如下内容：

①项目提出背景；

②项目提出的依据，特别是政策依据；

③项目实施的基础及有利条件；

④项目实施可能受到的制约因素，改变制约因素的措施；

⑤项目的初步投资估算；

⑥项目的资金来源及筹措办法；

⑦项目的社会效益预估；

⑧项目的经济效益预估；

⑨项目产品的销售途径；

⑩项目的原料供应；

⑪项目的建造工期及投产预计时间；

⑫项目的发展远景；

⑬项目的规模；

⑭主要附件。

（3）报批项目建议书

业主报选项目建议书后，政府有关部门将进行审查，必要时进行审查论证会议，听取意见。

5.6 PPP项目投资操作流程

5.6.1 项目入库

主要对潜在的项目进行筛选。

（1）项目入库。先入地方库，再统一纳入国家发展改革委PPP项目库。入库是享受政府投资、价格调整、发行债券及PPP专项政策的重要依据。

（2）纳入年度实施计划。已入库项目，纳入当年计划，方可推进实施。

（3）确定实施机构和政府出资人代表。参与项目准备及实施工作。

5.6.2 项目论证

确定项目是否采用PPP模式实施。

（1）PPP项目实施方案编制。项目实施机构编制项目实施方案。内容包括项目概况、运作方式、社会资本方遴选方案、投融资和财务方案、建设运营和移交方案、合同结构与主要内容、风险分担、保障与监管措施等。一般性项目，不单独编写此方案，可在可行性研究报告中包括PPP项目实施专案。涉及向使用者收取费用，要取得价格主管部门出具的相关意见。

（2）项目审批、核准或备案与实施方案的完善。政府投资项目的可行性研究报告应由具有相应项目审批职能的投资主管部门等审批。之后，完善并确定PPP项目实施方案，其重要依据深化研究项目初步设计方案、细化工程技术方案和投资概算等内容。企业投资项目执行核准制或备案制，按有关目录执行。

（3）PPP 项目实施方案审查审批。由发展改革部门和有关行业主管部门牵头，会同项目涉及的财政、规划、国土、价格、公共资源交易管理、审计、法制等政府相关部门，对 PPP 项目实施方案进行联合评审。此前，必要时可组成相关专家进行评议或委托第三方专业机构出具体要求评估意见。

5.6.3　社会资本方选择

（1）社会资本方遴选。依法通过公开招标、邀请招标、两方投标招标竞争性谈判等方式，公平择优选择具有相应投资能力、管理经验、专业水平、融资能力以及信用状况良好的社会资本方作为合作伙伴。其中，拟由社会资本方自行承担工程项目勘察、设计、施工、监理以及工程建设有关的重要设备、材料等采购的，按照《招标投标法》的规定，通过招标投标方式选择社会资本方。

（2）PPP 项目合同确认谈判。项目实施机构根据需要组织项目谈判小组，必要时邀请第三方专业机构提供专业支持。率先达成一致的即为中选社会资本方。双方签署确认谈判备忘录，并公示合同文本及相关文件。

（3）PPP 项目合同签订。公示期间，项目实施机构对异议解释、澄清和回复等工作。公示期满无异议的，由项目实施机构会同当地投资主管部门将 PPP 项目合同报送当地政府审核，审核同意后，由项目实施机构与中选社会资本方正式签署 PPP 项目合同。

5.6.4　项目执行

（1）项目公司设立。社会资本方可依法设立项目公司，政府指定了出资代表的，项目公司可由政府出资代表与社会资本方共同成立。

（2）项目融资及建设。PPP 项目融资、工程建设成本、质量、进度等风险应由项目公司或社会资本方承担。政府对社会资本或项目公司履行融资及建设义务情况进行监督。

（3）运营绩效评价。项目实施机构应会同行业主管部门对项目合同约定，定期对运营服务绩效进行评价，结果作为项目公司或社会资本取得项目回报的依据。

（4）项目移交。按 PPP 项目合同约定期满移交的项目，政府与项目公司在合作期结束前一段时间（过渡期）共同组织移交工作组，启动移交准备工作。组织进行资产评估和性能测试，保证项目处于良好运营和维护状态，完成移交工作，并办理移交手续。

（5）项目后评价。项目移交完成后，地方政府有关部门可组织 PPP 项目后评价，对项目全生命周期的效率、效果、影响和可持续性等进行评价。评价结果应及时反馈给项目利益相关方，并按有关规定公开。

早于国家发展改革委之前，财政部曾以《政府和社会资本合作模式操作指南（试行）》（财金〔2014〕113 号）作出了规定。与上述基本一致，其中财政承受能力论证、物有所值评价是值得特别关注的内容。

5.6.5 各子项目的前期手续

园区（项目）开发实际为多个子项目的集合，按照目前发改部门开展立项管理的要求，每个子项目应按照投资计划等分期分批次安排、报批获批准。此事涉及政府部门众多，是与各部门之间互动最为频繁、交流最为深入、认知交流最为密集的阶段，需要彼此通力配合和协作。通过编制《建设项目开发前期工作计划及检查一览表》提示沟通、协调、执行。具体如表 5-15 所示。

实际工作中，此表的内容可列更多，比如把聘请的战略咨询机构、规划设计院、寻找合作伙伴、银行等一一列上，按周检查工作完成百分比，切实提高效率。

表中工作内容可以列示更简练，缩小间距，起止时间列可以扩大，把月份或周标注出来，便于检查。

综上所述，准备期的核心工作是园区（项目）规划编制，是后续各项决策和行动的重要依据。

建设项目开发前期工作计划及检查一览表　　　　表 5-15

序号	事项	主管部门	工作内容摘要	起止时间	完成百分比（%）	公司负责人	负责人或经办人
1	项目开展前期工作的函	政府发改部门	项目初步开展、尚未编制项目建议书和可研报告时，为便于开展前期工作出具				
2	项目开发选址意见书	政府规划部门	需提交《开展前期工作的函》（或项目建议书的批复）、《建设项目选址研究报告》等资料				

续表

序号	事项	主管部门	工作内容摘要	起止时间	完成百分比（%）	公司负责人	负责人或经办人
3	项目用地预审意见	政府国土部门	需提交《开展前期工作的函》（或项目建议的批复）、规划部门出具的《建设项目选址意见书》等资料				
4	关于×××项目建议书的批复	政府发改部门	需提交项目建议书				
5	建设项目规划设计条件通知书	政府规划部门	包括用地情况、用地使用性质、用地使用强度、建筑设计要求、城市设计要求、市政公共建筑或配套设施要求等				
6	环境影响评价的批复	政府环保部门	需提交环境影响评价登记表、报告表或报告书				
7	关于×××项目的立项批复	政府发改部门	在项目前期手续办理完成、提交项目可行性研究报告后，是项目正式立项的文件				
8	国有土地使用证	政府国土部门	完成前期立项审批手续之后，开展施工建设前，需获得的法律凭证之一，用以证明土地使用者使用国有土地的权利				
9	建设用地规划许可证	政府规划部门	确认项目位置和范围符合城乡规划要求的法律凭证				
10	规划、设计方案（含初步设计、施工图设计等）审查	政府规划部门（一般由规划委员会完成）	对规划、设计方案进行论证和审查，确认方案可行				
11	建设工程规划许可证	政府规划部门	确认建筑工程符合城市规划要求的法律凭证				
12	建筑工程施工许可证	政府住房城乡建设部门	许可该建筑工程可进行施工的法律凭证				

负责人：　　　　经手人：　　　　编制日期：

5.6.6　工作总结与汇报

1. 汇报工作的基本要求

1）要全面

既要从宏观上汇报推进工作的基础做法、重要进展、存在的问题以及发展趋势，又要从微观上汇报工作开展中一些对整体效果有影响的细节。

2）要客观

既要报喜——详细汇报工作所取得的成就和效果，又要报忧——客观汇报工作推进中存在的问题以及主客观原因，特别是对工作中人为失误要分清责任，力求具体。

3）要准确

汇报工作用事实来说话，用数据来证明，切忌大而化之、模棱两可，说一些如"可能是""应该会""大概吧"等描述或推测性的话语。

2. 汇报工作的基本步骤与要求

汇报工作基本步骤与要求　　　　　　　　　　　　表 5-16

序号	步骤	要求
1	背景描述	• 概述上一阶段的工作背景、领导的安排、后续的执行、执行的结果等； • PPT 呈现一到两页即可，减少文字描述，尽量图形化处理，增强可视性
2	工作过程	• 简单介绍工作总遇到的问题以及解决的过程、采取的办法等； • PPT 呈现一到两页即可
3	成绩总结	• 汇报的重点：进行详细描述工作的结果； • PPT 呈现方面：模式图等要清晰勾画，关键环节要重点突出；测算数据、图表须将与决策相关的重点数据进行突出
4	下一步奖励	• 对上一阶段工作简单小结； • 重点汇报下一步工作安排
5	需要领导支持解决的问题	• 将工作中遇到的悬而未决的问题与下一步计划安排需要领导支持和帮助的事情向领导提出

项目前期工作检查表　　　　　　　　　　　　表 5-17

类别	主要工作内容	开始时间	时长	完成日期	完成百分比	主责单位	责任人	协同单位	责任人
一、项目跟踪									
二、机会研究报告撰写									
三、立项审批									
四、可行性研究报告									
五、项目投资决策									
一、×××项目									
二、×××项目									
……									
十、×××项目									

5.6.7　产业规划

知名产业规划单位　　　　　　　　　　　　　　　　　　　　表 5-18

	咨询公司 / 专家	类别	业界声誉	服务内容
1	王志刚工作室	战略策划	国内著名城市经营策划机构	园区的发展战略、策略研究及定位
2	北京和君创业研究咨询有限公司	经营战略	国内顶级资本运作咨询机构	固安园区的经营模式、资源导入与整合专题研究
3	德国罗兰·贝格	产业规划	全球四大专业咨询公司之一	固安工业园区的产业定位研究，并确立电子信息产业、汽车零部件产业、现代装备制造业为核心的三大产业方向
4	北京新都市城市规划设计院	城市规划	北京新都市城市规划设计院院长陈成仁博士，国际城市与区域规划学会会员	城市发展理念研究，在满足人们对城市资源的高效利用的同时，充分发挥城市的基本功能，充分顾及人与自然、社会的关系
5	美国 DPZ（Duany Plater Zyberk Company）城市规划公司伊丽莎白女士	城市规划	新都市主义创始人，美国 DPZ 建筑设计事务所创建者	率领 DPZ 设计团队将最先进的城市运营理念运用到园区规划中，固安工业园区也因此成为全球"新都市主义运动"的重要成员，开始了工业与人类和谐发展的伟大探索
6	天津城市规划设计院	园区规划	国内优秀甲级资质规划院	在 DPZ 的基础上，对园区规划进一步深化，并获得国家审批核准。至此，固安工业园区的城市建设进入实质阶段
7	美国 EDSA 公司	景观规划	世界环境景观规划设计领域的领袖企业	2003 年对起步区进行总体概念规划，形成了以休闲、娱乐性典型项目为主要构成的，最大限度保留现有村庄肌理和独立发展模式的，以景观为先导的，涵盖教育、产业、居住的新型城市模式
8	华高莱斯国际地产顾问公司	地产项目策划	跨国地产顾问咨询公司	为园区 5km² 的配套小镇完成了整体项目策划方案
9	英国阿特金斯公司	产业策划	国际领先的大型专业顾问咨询公司	2004 年，该公司对固安工业园区电子信息产业基地 14km² 的起步区进行了整体规划方案设计。设计方案充分吸收了英式产业城市简洁明快的特点，奠定了园区生产空间布局
10	美国 RTKL 公司	园区规划	世界上最大的建筑规划设计公司之一	固安工业园区城市总体规划绿化设计，完美地体现了城市建设的十六字方针，即公园城市、休闲街区、儿童优先、产业聚集
11	英国汉米敦（HMD）公司	城市规划	全球领先城市空间规划公司	《固安工业园区核心区概念性规划》提出"两心四轴四区"的总体规划结构
12	深圳世联房地产顾问公司	房地产策划	国内最早从事房地产专业咨询的服务机构	经过对全球多个成功工业园区的考察分析，提出的将永定河故道辟为永久景观区的设想，得到认同并付诸实践，形成了国内工业园区中绝无仅有的大型天然景观带

负责人：　　　　　　　经手人：　　　　　　　编制日期：

<h3 align="center">产业园区规划咨询机构服务内容</h3>

表 5-19

咨询机构名称	服务内容	工作时间
中国城市规划设计研究院	园区总体规划:包括现场调查研究、组织3～5人工作组	15天完成初稿,定稿时间需要视政府方案审批进度来定
	产业规划:各类产业用地的平衡测算,确保区域内现金流平衡	30天完成初稿,定稿时间需要视政府方案审批进度来定
	空间规划:区域内各类产品的空间布局,确保后续开发阶段施工和房地产销售平衡点	30天完成初稿,定稿时间需要视政府方案审批进度来定
王志刚工作室	区域战略及概念规划实力较强,通过全球案例对区域进行定位,形成定位方案,以富有感染力的宣讲	15～30天形成初稿,但还要经过业主及政府各方面评审,定稿时间需视项目实际情况
罗兰贝格	区域总体规划:包括现场调查研究、组织3～5人工作组	15天完成初稿,定稿时间需要视政府方案审批进度来定
	产业规划:各类产业用地的平衡测算,确保区域内现金流平衡;同时可以引荐产业资源。	20～35天完成初稿,定稿时间需要视政府方案审批进度来定
	空间规划:以全球案例为范本,区域内各类产品的空间布局,确保后续开发阶段施工和房地产销售平衡点	20～40天完成初稿,定稿时间需要视政府方案审批进度来定

06

第6章
项目公司治理

　　项目公司往往由多个股东形成联合体对项目进行投资，因此在存在多个利害攸关人的情况下，完善的项目公司治理对投资项目的顺利开展发挥着极其重要的作用。公司治理研究的企业所有权人向经营权人授权，经营权人在获得授权的情形下，以实现经营目标而采取一切经营手段的行为，公司治理则是建构在企业"所有权层次"上的一门科学，讲究的是科学地向职业经理人授权，科学地对职业经理人进行监管。从广义角度理解，是研究企业权力安排的一门科学。从狭义角度上理解，是居于企业所有权层次，研究如何授权给职业经理人并针对职业经理人履行职务行为行使监管职能的科学。公司治理结构不仅规定了公司的各个参与者，例如，董事会、经理层、股东和其他利害相关者的责任和权利分布，而且明确了决策公司事务时所应遵循的规则和程序。

6.1　项目公司的设立

6.1.1　项目公司的定义

PPP 项目公司是为实施 PPP 项目这一特殊目的而设立的公司，通常作为项目建设的实施者和运营者来实现。在 PPP 模式中，通常由项目公司来负责项目的设计、投融资、建造、运营维护与移交工作。

6.1.2　项目公司的发起人

项目公司可由社会资本出资设立，也可以由社会资本与政府共同出资设立。由政府或指定机构参与 PPP 项目公司时，但政府在项目公司中的持股比例应当低于 50%，政府不能对项目控股或具有实际控制力。否则，政府将是身兼"裁判员"和"运动员"双重身份，政府不具有实际控制力来凸显 PPP 项目公司市场化运作理念。

在项目初期阶段，项目公司尚未成立时，政府方会先与社会资本（即项目投资人）签订意向书、备忘录或者框架协议，以明确双方的合作意向，详细约定双方有关项目开发的关键权利义务。待项目公司成立后，由项目公司与政府方重新签署正式 PPP 项目合同，或者签署关于承继上述协议的补充合同。

6.1.3　项目公司的组建

（1）新设项目公司。又包含两种情况：一是没有政府参股，由社会资本（可以是一家企业，也可以是多家企业组成的联合体）按照市场化运作原则出资设立；二是由政府指定机构和社会资本共同出资成立，在这种情况下，政府可以一开始就参股，也可以在项目公司成立之后由政府制定机构出资参股。

（2）股转和增资扩股。在政府方拟定参股的情况下，由政府方指定出资机构现行设立项目公司，待项目采购阶段确定中选社会资本后，中选社会资本方可通过股权转让或增资扩股方式成为已经设立的项目公司的股东，并约定该公司负责 PPP 项目的全部执行工作。

6.1.4 项目资本金

（1）投资项目资本金，是指在投资项目总投资中，由投资者认缴的出资额，对投资项目来说是非债务性资金，项目法人不承担这部分资金的任何利息和债务。

（2）注册资本是对应于公司而言，注册资金是对应于企业而言，资本金是对应于项目而言。

（3）注册资本对于公司而言，是公司所能承担的责任，注册资本金额越大，公司的抗风险能力越强，对外承担责任所能表现的货币金额就越高。

（4）资本金对于项目而言，是项目法人的非债务资金，是项目法人认缴的钱，而不是借来钱。

6.1.5 金融机构对资本金的认定

财政部发布的财金〔2018〕23号文官方解读文件中指出：要求资本金审查应坚持"穿透原则"，既要关注项目资本金本身是否符合规定，若发现存在"明股实债"等违规操作的，不得向其提供融资，还需向上"穿透"审查，重点关注以债务性资金违规出资等问题。

（1）资本金不得为股东借款、借贷资金等项目公司的债务性资金。

（2）资本金不得为股东的"明股实债"型资本金融资资金。

（3）资本金不得为股东的借贷资金等债务性资金。

（4）资本金不得为公益性资产、储备土地等违规出资。

6.2 公司治理架构

6.2.1 公司治理的含义

项目公司是否能健康运行，是PPP项目成败的关键。在PPP模式下，出现了大量的合资公司、混合所有制公司，项目公司是资本的融合、制度的融合、人才的融合和所有制的融合。达到高效的融合，要求项目公司具备良好的公司治理结构。合理的公司治理结构是项目公司健康运行的保障。

公司治理，即法人治理结构，是现代企业制度中最重要的组织架构，是公司所有权与经营权分离情况下形成的相互制衡关系的结构性制度安排。

公司治理，必须建立在依法合规的基础上，**PPP**模式下的项目公司一般为有限责任公司，要建立权责明确、规则可行、层次清晰的治理结构（图6-1）。

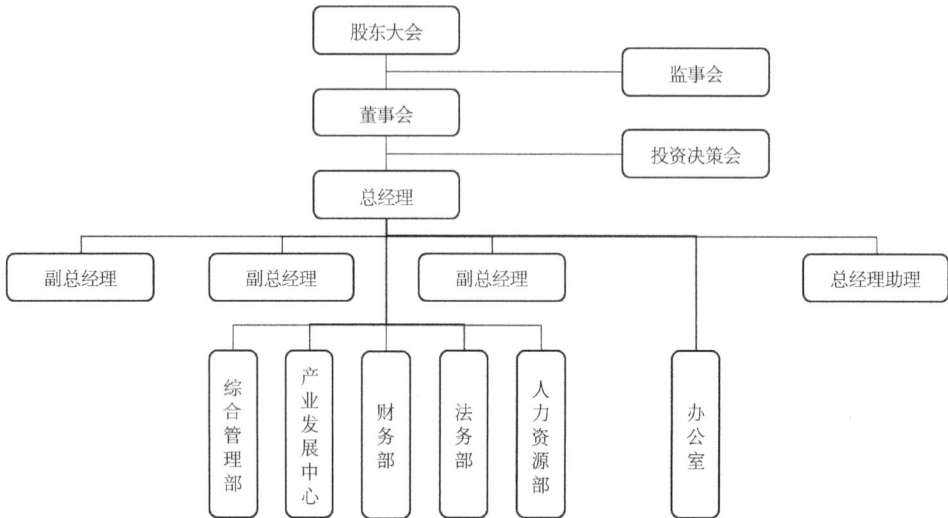

图6-1 公司治理结构图

6.2.2 项目公司治理的内容

（1）项目公司注册资金、住所、组织形式等的限制性要求。

（2）项目公司股东结构、董事会、监事会及决策机制安排。

（3）项目公司股权、实际控制权、重要人事发生变化的处理方式。

6.2.3 项目公司治理特点

1. 社会资本享有项目公司的控制权

2. 政府享有项目公司的监管权

政府出资代表人在涉及公共安全和公共利益事项的表决中具有一票否决权。政府方通过向项目公司委派董事、监事、高管，实现对管理过程的监管；通过委派财务人员，实现对资金使用的监管。投资人的利益，项目公司的财务目标，需要在监管的体制下实现。

6.2.4 项目公司治理结构

1. 股东会

股东会应表决的事项有：修改公司章程，增加或减少注册资本，改变公司形式，公司的合并、分立、解散等，此时的表决权与股权比例一致。

2. 董事会

董事会表决的事项有投融方案、年度财务预算和决算、内部管理机构设置、聘任或解聘公司总经理、薪酬方案、基本管理制度等，此时的表决权是通过股东在董事会中占有的席位来实现的。

3. 总经理办公会

总经理办公会表决的是与经营管理相关的事项，表决权通过股东在公司经营管理层中所占的票数实现的。一般情况下，某个事项的决策需要 2/3 以上的表决权才能被通过，因此，持股比例在 67% 以上的股东为绝对控制者，持股比例在 51% 以上的为相对控制者。

4. 特别约定

在 PPP 项目公司中，政府出资人代表股权比例较小，多数情况下为参股，但政府方为了避免项目公司获取超额利益或损害公共利益，在公司章程中会制定特别条款，赋予政府出资人代表一票否决权，所以社会投资人的控制权也是相对，要在监管的体系下行使控制权。另外，当社会资本为非单一投资人时，投资人之间需共同分享控制权。

6.3 项目公司的职能

项目公司在重新签订或者承继项目合同后，应按照合同约定承担设计、建设、运营、维护、移交等职责。

6.4 股权变更

（1）股权变更是指社会资本或政府方出资代表将其持有的项目公司股权直接或间接转让给其他方。

（2）一般情况下，在合作期限内，未经政府书面同意，社会资本不得进行股权变更。除非这种变更是项目公司为履行本合同项下的担保且被人民法院或仲裁机构强制执行或为中国法律所要求。

（3）就股权变更或可能导致股权变更的情形，社会资本须获得其他股东同意后方可实行。项目公司应向其他股东提交股权变更的书面申请材料

[阐明变更原因、变更方式、拟转让的股权比例（如有）、意向受让方（如有）情况等书面材料] 以及社会资本的决策机构同意该等股权转让的书面决议。

（4）因项目融资或建设需求确需转让项目公司的部分股权的，项目公司应按照合同约定向其他股东提交申请并取得同意。受让方还应以书面形式明示，在其持有项目公司股权后，督促并确保项目公司继续承担合同项下的义务，否则政府股东或其他股东有权予以否决。

（5）项目合作期内，原则上社会资本（如为联合体，则为联合体牵头人）不得通过代持股、直接或间接的股权结构变更等各类途径变相"退出"或转让本项目的相关义务及责任。

（6）社会资本不得将其持有的项目公司的股权进行质押，但为项目融资目的除外，且需其他股东书面同意。

07

第 7 章
项目建设

　　项目建设是投资项目一个极为重要环节，项目建设质量直接决定项目投资质量、投资收益以及投资成败。项目建设是指具有独立的组织机构并实行独立的经济核算，具有设计任务书，并按一个总体设计组织施工的一个或几个单项工程所组成的建设工程，建成后具有完整的系统，可以独立地形成生产能力或使用价值的建设工程。按国家的规定，基本建设程序包括项目建议书、可行性研究报告、初步设计、开工报告和竣工验收等工作环节。根据以上几个建设程序，可以将建设项目分为项目前期工程阶段、施工管理阶段、竣工验收三个阶段。本章结合项目投资模式，主要从项目勘察设计衣监理、初步设计及施工图设计、征地拆迁与政府审计、招标采购、工程施工管理等方面对项目建设进行着重分析。

7.1 项目勘察设计与监理

（1）工作内容。项目法人完成项目合作内容内各建设项目的项目规划选址、用地预审、环境影响评价、水土保持评价、节能评价、立项、可研、勘察、初步设计及初步设计审查报批、施工图设计及施工图审查报批和备案、施工许可证办理等工作，政府方需予以必要协助。相关工作产生的费用计入项目建设投资，政府方按约定的费用结算方式与社会资本方结算。

（2）社会资本方应按照施工图设计文件和适用法律的规定组织实施项目工程建设。

（3）政府方应根据适用法律的规定，选择并聘请有相应资质的设计阶段监理和工程项目监理单位。

（4）如项目出现涉及的规划选址、立项、环境影响评价等前期已经办理手续主体并非中标社会资本方的情形，已办理的前期手续一律作为有效文件由中标社会资本方承接使用，政府方及政府相关部门予以认可，并不影响后续相关手续的办理。

7.2 初步设计及施工图设计

7.2.1 初步设计

（1）初步设计的必要条件：

建设项目可行性研究报告经过审查，业主已获得批准文件；已办理征地手续，取得建设用地规划许可证、建设用地红线图，已取得规划部门提供的规划设计条件通知书。

（2）初步设计完成时的必备条件：

在初步设计过程中，业主要办理各种外部协作条件的取证工作和完成科研、勘察任务，并转交设计单位，作为设计依据、编制概算。

（3）择优推荐设计方案；建设项目的单项工程要齐全；主要设备和材料明细表，要符合订货要求，可作为订货依据。满足土地征用，投资包干、招标承包、施工准备、开展施工组织设计以及生产准备等项目工作要求。

7.2.2 施工图设计

（1）施工图设计的条件：

初步设计已经审核批准，审查提出的重大问题、遗留问题已经解决；勘察及地形测绘图已经完成。外部协作条件，水、电、交通运输、征地、安置的各种协议已经签订或基本落实。主要设备订货基本落实，设备总装图、基础图资料已收集齐全。

（2）施工图设计完整地表现建筑物的外形、内部空间分割、结构体系、构造状况以及建筑群的组成和周围环境的配合，具有详细的构造尺寸。它还包括各种运输、通信、管道系统、建筑设备的设计。在工艺方面，应具体确定各种设备的型号、规格及各种非标准设备的制造加工图。

（3）施工图预算是在施工图阶段，依据各专业设计的施工图和文字说明而编制的全部工程造价预算。编制中应采用现行的预算定额、地区材料构配件预算价格、各项费用标准和地区单位估价表，现行的设备原价及运杂费率及有关的其他工程费用定额。

7.3 征地拆迁与政府审计

7.3.1 征地拆迁主体

按照《国有土地房屋征收与补偿条例》明确规定"市、县级人民政府负责本行政区的房地产征收与补偿工作"，具体工作由市县土地行政主管部门负责。集体土地房屋征收拆迁，目前全国没有统一规定。

7.3.2 征地拆迁程序

土地行政部门办理征拆项目的立项批复、建设用地批准书、用地规划许可证等手续。

办理土地征收及用地指标审批等相关手续，征地报批完成后进行征地公告、房屋拆迁许可证办理。

按程序选定进场摸底调查的拆迁公司、评估公司、审计单位等。国有土地需进行入户调查，进行收集"两证"、房屋结构和成新度认定、区位价及重置价评估等；集体土地需要组织对拆迁范围内的土地和房屋进行丈量勘界、对房屋合法性认定意见进行公示、对房屋及附属物登记造册、核定常住人口等。具体内容如下：

（1）拟定拆迁安置方案，报批后予以公示。

（2）落实拆迁安置方案、签署征地协议、补偿安置协议等。

（3）动迁安置补偿。

7.3.3 严格控制拆迁成本

社会资本方争取包干价，可以安排工作人员参与政府方征地拆迁补偿前的拆违控违、入户调查、评估测算工作。

政府方采取据实结算征拆费用计价方式，则社会资本方应对政府方征拆款项的核算和支付有相应的监控措施。积极参与入户调查，政府编制的《征地补偿实施方案》和《房屋拆迁安置实施方案》应送社会资本方商定后实施。

合同中设置成本超支蓝线、红线，并约定了到蓝线、红线的处置措施。

明确征拆款专款专用，设置监管账户，双方授权领导签字方能支用，并约定违约责任，并作为合同附件。

合同工期，并明确违约责任豁免、处罚的责任。

防范舆论评价的负面影响。

7.3.4 征地拆迁主要风险

（1）成本风险。征地拆迁费用采取包干制模式下，政府方一般为包干价确定的主要控制方，社会资本方很难对包干价的高低与否给出准确的判断，可能出现包干价过高的成本风险。

（2）审计风险。目前，征地拆迁适用的国家层面的主要法律文件是《国有土地上房屋征收与补偿条例》（国务院第590号令），地方政府依据此文件并结合当地实际情况制定相应的房屋征收与补偿实施办法。然而，在征地拆迁过程中经常会遇到一些不能完全按照现有的拆迁政策或者完全找不到相应的政策依据进行补偿的情况。

（3）工期风险。拆迁工作而延迟将导致项目土地交付延迟，然后是项目周期拉长、融资成本提高、建设成本提高，还可能导致项目错过市场营销的黄金期，各种风险应接不暇。

7.4 PPP 项目招标采购

7.4.1 资格预审

（1）项目实施机构应当根据项目需要准备资格预审文件，发布资格预审公告，邀请社会资本和与其合作的金融机构参与资格预审，以便项目实现充分竞争。

（2）公告内容包括项目授权主体、项目实施机构和项目名称、采购需求、对社会资本的资格要求、提交资格预审文件的地点和时间。自公告发布之日至提交资格预审不得少于 14 日。

（3）由项目实施机构代表和评审专家共 5 人以上单数组成。其中评审专家不得少于总数的 2/3。其中评审专家至少应当包含 1 名财务专家和 1 名法律专家。项目实施机构不得以评审专家身份参加项目评审。

（4）须有 3 家以上社会资本通过资格预审。可继续开展采购文件准备工作；不足 3 家，调整公告内容重新组织资格预审，仍然不足 3 家，可以依法变更采购方式。

7.4.2 采购文件编制与评审

（1）采购文件由项目实施机构编制公布，提出详细要求，社会资本据此编制投标文件，是评审专家评审投标人的依据。

（2）评审小组成员按照客观、公正、审慎的原则，根据采购文件规定的程序、方法和标准进行独立评审。

7.4.3 采购结构确认谈判

（1）项目采购评审结束后，项目实施机构应当成立专门的采购结果确认谈判工作组。

（2）谈判工作组由包括财政预算管理部门、行业主管部门代表以及财务、法律等方面的专家。涉及价格管理、环境保护还应包括相应管理部门的代表。

（3）针对项目合同中可变的细节问题进行项目合同签署前的确认谈判，率先达成一致的候选社会资本即为预中标、成交社会资本。确认谈判不得涉及项目合同中不可谈判的核心条款。

（4）签署谈判备忘录与公示。

7.4.4　合同签订

发出中标、成交通知书；项目合同签订与公示。

7.5　工程施工管理

7.5.1　施工进度计划

按照年度投资计划中要求的开发建设进度组织项目建设。施工进度计划包括整个合作区域的施工进度计划及每一子项目的施工进度计划。社会资本方应向政府方提交经监理批准的详细施工进度计划，其中应列出计划实施工程的程序、关键性时间节点、工期目标、工期保障措施等。施工进度计划经政府方同意后执行（表7-1）。

施工进度计划表示例　　　　　　　表 7-1

序号	季度＼项目	前期准备阶段	1	2	3	4	5	6	7	8	9	10	11	……
1	立项、规划	▬												
2	勘察设计	▬												
3	工程招标投标		▬											
4	土地平整		▬▬											
5	潜流湿地土建施工、植物种植			▬▬										
6	河道拓宽工程					▬▬▬▬▬								
7	景观及绿化工程				▬▬▬▬▬▬									
8	土建工程					▬▬▬▬								
9	设备订购及安装			▬					▬▬▬▬▬					
10	水库工程						▬▬▬▬▬							
11	道路硬化及绿化											▬▬▬		
12	竣工验收												▬▬	

7.5.2　工程招标

项目工程采用工程总承包方式进行。总承包方应具有相应的勘察、设计、施工资质、能力与经验。工程建设的施工总承包商不得将工程的主体部分对外分包。总承包商可依法将项目工程中非主体结构、非关键性工作分包给具有相应资质条件的分包单位，中标社会资本方在确定分包单位前应经政府方同意，并在确定分包单位后将相应的建设工程分包合同提交政府方备案。

7.5.3　质量控制和安全责任

（1）质量保证和质量控制。项目公司应组织制定并执行工程建设质量保证措施和质量控制计划，并将其报政府方备案。政府方或其指定机构有权在不影响建设进度的前提下对项目工程的建设情况进行监督和检查。

（2）安全责任。项目公司应负责项目施工现场内所有设施、人员、第三者人身伤亡和财产损失，以及因项目施工原因造成的毗邻地带的第三者人身伤亡和财产损失；对因项目工程施工引起的周边居民及承包商民工群体性事件（如有），项目公司应妥善处理突发事件、保证人身安全并承担由此造成的所有损失。

7.5.4　文明施工和环境保护

（1）项目公司应采取一切合理步骤，保护现场内外的环境，并避免由其施工作业引起的污染、噪声以及其他后果对公众和财产造成的损害和妨碍。项目公司应保证在施工期间，现场的气体散发、大气扬尘、地面排水及排污不得超过适用法律规定的标准，现场清洁符合环境卫生管理的有关规定。

（2）政府或其指定机构将对施工过程中的安全生产管理和文明施工进行不定期检查，若发现不符合要求的，项目公司应组织及时进行整改。

7.5.5　竣工验收

（1）项目工程具备竣工验收条件时，项目公司应及时向政府方提出竣工验收申请报告。

（2）如因项目公司原因造成项目工程未通过竣工验收，项目公司应当根据甲方及相关方的意见及时采取措施予以整改，整改完成后再次申请进行相关验收，直到通过该等验收为止，因整改发生的相关费用及责任由项目公司自行承担，相关费用不得计入项目建设投资，建设期不予顺延。竣工验收合格后，如发现因项目公司原因造成的需要整改的，项目公司需负责整改到位并自行承担相应的费用和责任。如非因项目公司原因，政府方在收到完整的竣工验收资料后未给出竣工验收答复的，自收到完整的竣工验收资料后可视作相应项目进入运营期。

7.6 建设项目总投资的确定

（1）项目建设项目总投资核算。项目建设项目总投资由各项目建设投资、建设期利息组成，其中的项目建设投资包括工程费用（建筑安装工程费、设备及工器具购置费）、工程建设其他费用和预备费，过程中由双方编制成本核算、计量和确认的工作流程及工作指引，共同委托有资质的第三方进行跟踪审计确定投资成本，最终以经政府方审计的竣工结、决算价格为准。

（2）工程费用包括建筑安装工程费、设备及工器具购置费，应依照届时现行的相关法律、法规、标准规范、相关计价文件、工程造价文件进行编制。

（3）工程建设其他费用包括建设单位管理费、可行性研究费、勘察设计费、监理费、工程造价咨询费、招标代理服务费、建设工程交易服务费、工程保险费、研究试验费、环境影响评价费、特殊设备安全监督检验费等，上述费用在甲方确定的控制标准内均据实计算。项目前期由政府方开展工作支付的各子项目的相关费用，如规划服务费、可研咨询费等，乙方应根据甲方通知并在确认后向甲方支付，纳入建设项目总投资。

（4）前期费用承担。为项目工作开展的需要，项目公司成立前政府方为项目发生的相关费用，包括征拆费、贷款（含利息）等，项目公司应在政府方要求的相应融资完成后根据政府方书面通知一次性将上述资金支付给相关方。

（5）预备费是建设期内因各种不可预见因素的变化而预留的可能增加的费用。预备费根据适用法律规定按照工程费用和工程建设其他费用之和的一定比例计取。

（6）建设期利息按与银行等融资机构签订的融资协议中的实际融资金

额和融资利率据实计算，但计算利率不得超过同期中国人民银行 5 年期以上贷款基准利率上浮 20%。项目融资在建设期按本条计息但不支付，将在运营期支付。项目资本金金额不计算利息且建设期不计投资回报。

（7）在项目工程竣工验收后，项目公司应在工程竣工验收后的三个月内编制竣工决算报告及相关档案并提交甲方。在项目公司提交资料齐全的情况下，政府方审计机构在接到项目公司提交的完整的竣工决算报告及相关档案后出具竣工决算审计报告审核确认。

7.7　各项设施建设

1. 基础设施和公共服务设施的建设

（1）道路、桥涵、综合管廊、供水设施、供电、供气、排水、通信、照明、公交、环卫、消防、邮政、防汛、人防等经济发展类基础设施；

（2）公园建设、黑臭水体治理、河道整治等环境友好型基础设施；

（3）医疗、文化、体育和社区服务等公共服务类基础设施。

2. 产业载体的建设

包括针对专属企业客户的定制厂房，面向中小企业的工业标准厂房、办公楼、孵化器、科创中心等。

3. 生活空间和商业配套设施的建设

包括人才公寓、居民住宅、保障性安居工程、酒店、餐饮娱乐、商贸物流等设施。

以上内容以项目协议明确约定为准。

08 第8章 项目运营维护

2017年11月16日，财政部发布的《关于规范政府和社会资本合作（PPP）综合信息平台项目库管理的通知》（财办金〔2017〕92号）（以下简称"92号文"），对PPP已入库和新入库项目进行全面排查，要求在2018年3月31日前完成本地区项目管理库集中清理工作，其中明确要求仅涉及工程建设而无"运营"内容的项目，不得采用PPP模式实施。那么PPP项目中"运营"的概念到底是什么？怎样才能依照92号文寻找合规的PPP项目并且合规地开展项目？除了在选择项目的时候，在参与项目招标的过程中"运营"方面又会面临什么样的具体要求？在中标后乃至建设完工后进入运营阶段，不同的"运营"机制又是怎样分别实现不同的PPP项目回报机制？在PPP入库项目清理大限届至之日，本章将从法律法规、理论和项目操作实务经验等角度对PPP中"运营"这一概念进行分析梳理，与PPP从业者们共同探讨如何准确理解PPP项目的"运营"，逐步揭晓上述问题的答案。

8.1 理解运营是 PPP 项目中的必备要素

8.1.1 运营是社会资本参与 PPP 项目的一道必答题

PPP 模式设立的主要目的就是将部分政府责任转移给社会资本方，政府与社会资本方建立起"利益共享、风险共担、全程合作"的共同体关系，政府的财政负担减轻，社会主体的投资风险减小，PPP 项目各参与主体共同为社会提供某种公共产品或服务；任何一个 PPP 项目都要从很长的周期进行观察判断，在项目的建设阶段，项目的建设完成、竣工验收环节仅仅是让项目可以提供公共服务（产品）的载体，要想真正实现 PPP 项目的社会经济效益目标，还需要之后的运营环节，将项目付费和绩效挂钩，检验项目建设阶段的成果，重要的是达到 PPP 项目提供高质量公共服务（产品）的目标；所以，PPP 项目中的运营环节是用来敦促和鼓励社会资本方发挥自身优势，提高运营质量和效率，从而达到 PPP 项目的最初目的。一句话总结，"运营"是社会资本参与 PPP 项目的一道必答题，也是评判 PPP 项目整体社会经济效益的关键点。

8.1.2 运营是 PPP 项目各种主要模式中的必备环节

根据 2014 年 11 月 29 日财政部印发的《关于印发政府和社会资本合作模式操作指南（试行）的通知》（财金〔2014〕113 号），PPP 项目运作方式主要包括委托运营、管理合同、建设—运营—移交、建设—拥有—运营、转让—运营—移交和改建—运营—移交等。具体运作方式的选择主要由收费定价机制、项目投资收益水平、风险分配基本框架、融资需求、改扩建需求和期满处置等因素决定；

各项运作方式如表 8-1 说明，可以看出，合法合规的 PPP 运作模式中均存在运营内容。

与运营相关的负面清单

表 8-1

序号	模式	内容	是否有运营
1	委托运营（O&M）	是指政府将存量公共资产的运营维护职责委托给社会资本或项目公司，社会资本或项目公司不负责用户服务的政府和社会资本合作项目运作方式。政府保留资产所有权，只向社会资本或项目公司支付委托运营费。合同期限一般不超过 8 年	√

续表

序号	模式	内容	是否有运营
2	管理合同（MC）	是指政府将存量公共资产的运营、维护及用户服务职责授权给社会资本或项目公司的项目运作方式。政府保留资产所有权。只向社会资本或项目公司支付管理费。管理合同通常作为转让—运营—移交的过渡方式。合同期限一般不超过3年	√
3	建设—运营—移交（BOT）	是指由社会资本或项目公司承担新建项目设计、融资、建筑、运营、维护和用户服务职责，合同期满后项目资产及相关权利等移交给政府的项目运作方式。合同期限一般为20～30年	√
4	建设—拥有—运营（BOO）	由BOT方式演变而来，二者区别主要是BOO方式下社会资本或项目公司拥有项目所有权，但必须在合同中注明保证公益性的约束条款，一般不涉及项目期满移交	√
5	转让—运营—移交（TOT）	是指政府将存量资产所有权有偿转让给社会资本或项目公司，并由其负责运营、维护和用户服务，合同期满后资产及其所有权等移交给政府的项目运作方式。合同期限一般为20～30年	√

1. 92号文中有关运营的规定

92号文明确强调PPP项目必须含有运营环节，"以运营为核心、以绩效为导向"，推动PPP项目由"重建设"向"重运营"转变，PPP从业者应当着重从如表8-2所列涉及"运营"的负面清单出发，重点考察项目是否还有必备的运营元素，以此避免出现92号文负面清单所列的相关情形：

涉及"运营"的负面清单　　　　　　　　　　　　　　表8-2

序号	问题	分析	能否入库
1	仅涉及工程建设，无运营内容	内容无"运营"	×
2	采用BT模式实施	模式缺失"运营"环节	×
3	未建立与项目产出绩效相挂钩的付费机制	付费机制未能与"运营"绩效挂钩	×
4	合作期内未连续、平滑支付，导致某一时期内政府支付压力激增	"运营"的财务模型存在缺陷	×

之前的PPP项目开展中，会出现部分项目通过所谓"工程可用性付费"方式，以"项目竣工即应支付"的名义，提前锁定政府对建设成本的无条件支付义务，弱化项目运营绩效考核的约束力，根据以上92号文内容的列举可以看出，现在已经明令禁止以拉长版BT、政府采购工程加服务等方式固化政府支出责任，变相违规举债融资。这样才能充分整合各种资源，提高公共产品和服务的质量，提高项目全生命周期内的管理效率，化解隐性地方债务。

2.财政部官方解读

自 92 号文出台后，社会各界对其有了各种各样的解读，其中关于运营和绩效考核相关内容众说纷纭，根据财政部专门发布的官方解释，我们将 92 号文中"运营"内容的官方解读汇总如表 8-3 所示。

财政部 92 号文"运营"内容的官方解读汇总 表 8-3

序号	内容
1	要求政府付费与项目绩效考核结果挂钩，强化项目产出绩效对社会资本回报的激励约束效果，防止政府对项目各项支出承担无条件的支付义务，使 PPP 异化为拉长版 BT
2	要求政府承担的项目建设成本与运营成本均应根据绩效考核结果进行支付，且建设成本中参与绩效考核的部分占比不得低于 30%，防止当前部分项目通过所谓"工程可用性付费"方式，以"项目竣工即应支付"的名义，提前锁定政府对建设成本的无条件支付义务，弱化项目运营绩效考核的约束力
3	要求政府付费应在项目合作期内连续、平滑安排，防止为多上项目将财政支出责任过度后移，加剧以后年度财政支出压力，同时也防止将财政支出责任集中前移，使社会资本快速回收大部分投资从而可以实现早期退出

8.1.3 注意对 PPP 项目运营的理解误区

1. PPP 项目中运营的本质

要正确理解 PPP 项目中"运营"，首先要明确 PPP 项目中"运营"的本质或者说 PPP 模式最初的设立目标，自国发〔2014〕43 号文以来，PPP 经历了一个长期发展的过程，但是该模式"公共服务长期供给质量和效率的提高"这一根本目标一直没有改变，所以财政部最新 92 号文中对运营内容的规定，追本溯源也是为了重申和强调上述目的。

PPP 模式一直以"利益共享、风险共担、全程合作"为原则，首要是要求社会资本方和政府方应当将风险进行合理分担，PPP 项目中的运营，也发挥社会资本的优势，将项目付费必须和绩效挂钩，形成社会资本充分发挥作用的激励机制，使项目后续运营产生的商业风险由社会资本和政府方共同分担；同时，充分利用社会资本方的管理经验和管理能力，提高 PPP 项目整个运营周期内项目产生的效益；因此，PPP 项目中的"运营"本质可以总结为，为了实现政府"提高公共服务和产品的质量和效率"这一目标，注重项目的绩效考核，将项目运营的质量和效果作为取得回报的主要考量因素。

2. 关于"运营"两种常见的理解误区

关于"运营"两种常见的理解误区分析　　　　　　　　　　　表 8-4

	第一种观点	第二种观点
观点	项目应当具有使用者付费内容	维护即运营
内容	广义上为了产生项目收益，会给很多项目强行加上使用者付费等内容，包括为道路市政建设加上广告宣传等内容，但是广告宣传产生的收益仅仅占项目极小的一部分	许多从业者不再为项目加入使用者付费的内容，而是在 BT 模式的基础上，拉长项目的回购年限，借用"可用性付费"的名义，增加项目维护内容，来开展 PPP 项目
分析	对于第一种观点，认为 PPP 项目中的"运营"必须是包括使用者付费产生收益的，这相当于是将项目的经营和运营混为一谈，如果采取第一种观点，很多 PPP 项目从业者为了使项目包含"运营"内容，而为很多本质上没有使用者付费的项目强行加入他们所谓的"运营"内容，这就会造成市政道路、学校、医院等项目中加入广告服务、餐饮等内容，一方面这些使用者付费内容并不是项目本质应当发挥的作用，也不是社会投资人的强项，甚至相关"使用者付费"内容的收入因为金额太小仅仅占项目极小的一部分，这会让很多 PPP 项目参与者在投资决策时忽略这一部分，所以这种操作安排并不能使项目实现物有所值这一 PPP 项目的宗旨	第二种观点认为项目维护即为 PPP 项目中的"运营"，大的运营概念包含维护、维养、经营等，产生收益的可以说是经营，不产生收益的，比如说市政道路，里面还有对道路的维护维养，包括医院、学校的项目，有对物业的维养，这些都属于运营，但是如果直接借用"可用性付费"的名义将设施养护作为绩效考核指标的并与维护费的支付挂钩，这种观点明显不可取，这将运营风险直接转移给政府方，考核绩效不能直接与项目本身的服务质量挂钩，不能使社会资本方发挥最大的作用，难以真正提升为社会提供公共服务（产品）的质量

8.1.4 "运营"是 PPP 项目招标投标的关键点

1. PPP 项目中运营方的参与方式

PPP 项目运营方确定有多种多样的方式，可以分为：①中标前运营方作为联合体成员参与投标；②运营后项目公司重新选择运营单位。根据招标投标实际情况，运营方参与招标投标主要可以分为如表 8-5 所示三种方式。

PPP 项目中运营方参与方式　　　　　　　　　　　表 8-5

序号	模式	内容
1	建设方即运营方	投标联合体中的建设方即具有运营资质和运营经验，并且招标文件中并未禁止该种安排，则项目进入运营期后，建设方同时也作为运营方
2	建设方和运营方共同投标	投标时建设方和运营方共同组成联合体，政府在招标文件中即要求具备运营资质和能力的运营方参与作为联合体成员
3	中标后选择运营方	项目公司成立后重新通过公开合法途径确定具有运营经验和资质的运营单位

在 PPP 项目的开展过程中，根据项目性质不同运营方的选择方式也有所区别。对于专业化程度较低的项目，一般会采用市场化程度较高的竞争性方式确定运营方，在招标环节，可以要求具有相应资质的合规运营商作为联合体参与投标，或者由项目公司以竞争性方式确定运营商；而对于机场、铁路等具有垄断性质的项目，专业运营商较少，可以将项目中专业化程度高、具有垄断性质的运营内容直接指定给相应的实际运营方，通过合法合规的采购方式将相应运营商招选为项目共同投资主体或被委托的运营商。

2. 从招标环节看运营的相关要求

在"重运营"的大势所趋之下，社会资本方怎样才能在招标环节增加自身竞争力，这需要从各项目招标文件中关于运营的相关要求入手，从而在组建联合体进行投标时合理选择联合体成员或者运营方，增加中标的概率。

从运营方参与 PPP 项目的方式可以看出，在招标环节基本上可以分为运营方作为联合体成员、运营方作为联合体牵头方两种。如果在招标文件的投标人资质中对运营方没有明确说明的，在招标条件或者 PPP 合同范本中会有选择运营单位的程序性规定。表 8-6 是具有代表性的项目招标文件相关内容列举。

项目招标文件相关内容列举　　　　　　　　　　表 8-6

案例一	某地垃圾中转站 PPP 项目
运营单位为联合体牵头方	①申请人应具有独立法人资格，良好的财务状况和商业信誉； ②申请人具有同类垃圾转运项目运营业绩（委托方为政府行政部门）； ③申请人自资格预审公告发布前 3 年内具有单笔合同金额 1200 万元以上转运站设备（包括垃圾压缩设备及垃圾运输车辆等）销售业绩； ④申请人须具备市政公用工程施工总承包二级或以上资质和房屋建筑工程施工总承包企业资质三级或以上资质，并具备由建设管理部门颁发的有效期内的安全生产许可证； ⑤本项目接受联合体参与竞标，联合体成员不多于三家，并明确牵头单位。若为联合体申请，联合体各方均应满足资格要求中（1）项，资格要求中（2）项仅认定牵头单位
案例二	某地体育服务综合体 PPP 项目
运营单位为联合体成员之一	①本项目接受联合体投标，联合体成员不得超过 2 家，联合体中必须为一家施工方和一家运营商，且牵头方必须为施工方，联合体各成员方不得再以自己名义单独或加入其他联合体参加资格预审； ②联合体各方必须按资格预审文件中规定的格式签订联合体协议，明确联合体中各方的角色（运营商／施工方），以及各方的权利、义务、成员构成、出资比例（其中运营商出资比例不低于 XX 万元）、职责分工等主要条款，在联合体通过资格预审后不得改变，牵头方为施工方不得改变； ③联合体资格认定：联合体中施工方应同时满足前述第 1 项合规性、第 2 项财务要求、第 3 项资质业绩项下（1）条件；联合体中运营方应同时满足第 1 项合规性、第 3 项资质业绩项下（2）条件

续表

案例三	某地市政基础设施项目改造工程 PPP 项目
中标后项目公司另行选择运营单位需经过实施机构同意	①本项目采取"建设—运营—移交"（BOT）的方式运作。政府方和中标社会资本共同出资成立项目公司，由项目公司在授权的合作期限内具体负责本项目的投资、融资、建设、运营维护等相关事宜； ②项目运营：自单项工程竣工验收合格之日起进入运营期；项目公司负责本项目的运营。如项目公司交由其他专业运营单位运营维护的，须有相应资质并报项目实施机构审批同意。在项目运营中引入市场竞争机制并建立相对完善的公司治理结构，以提高项目的运营效率。项目公司的运营中发挥合作双方的优势，乙方作为出资方负责公司的经营运作，政府方承担相应的协调、监管责任

可以看出，在运营为核心的 PPP 项目中，政府方越来越重视运营在项目中发挥的作用，所以在招标文件中有些会着重引进运营方作为联合体成员甚至是牵头方，在一些十分重视 PPP 的项目中，虽然联合体中的牵头方要求是建设方，但是在项目前期的实际磋商中，建设方和政府方会着重考虑运营方的诉求和实际情况，运营主体也成为另一种意义上的"牵头方"。同时，即使在采取最传统的"建设—运营—移交"（BOT）方式运作中，如果项目由其他运营单位进行运营，也要严格经过实施机构的审批同意。

8.2 运营服务的内容和范围

8.2.1 基础设施和公共服务设施的运营管理

（1）包括道路和桥涵养护、集中供水服务、污水治理服务、照明设施的管理和维护、绿地公园的养护、河道治理服务、学校和医院的运营维护；

（2）公共设施的养护和管理，如规划馆、展览馆、博物馆、体育馆、社区服务站等；

（3）不包括政府相关部门、企业垄断性经营的基础设施和公共服务，如供电设施、供气设施、消防设施、邮政设施、防汛设施等运营管理。

8.2.2 产业导入与发展服务

（1）包括根据园区相关规划选定目标产业，通过品牌宣传、市场推广、定向精准营销等方式引入相关行业的企业在园区投资建设、生产和经营；

（2）为已落户经营的园区内企业提供多种类型的发展服务，例如金融、保险、人力、行政手续协助办理等。

8.2.3 生活空间和商业配套实施的运营管理

不同类别的生活空间和商业配套设施需要安排不同的运营管理，例如，住宅租售或管理、酒店的经营、保洁、餐饮、安保等支持性服务。

8.3 委托运营管理

（1）项目设施运营维护服务如需由第三方提供的，政府方和项目公司将共同参与该第三方的选定程序，包括但不限于具体的采购工作、合同谈判工作。经过双方书面确认后，项目公司方可与选定的第三方签订服务合同。

（2）尽管项目公司将项目设施运营维护服务委托给第三方，但并不因此免除项目公司在合同项下应承担的所有责任和应履行的义务，项目公司仍独立向政府方负责。

（3）项目公司与第三方签订的外包服务合同应明确约定，如项目或子项目因项目公司原因提前终止的，外包服务合同同时终止，同时提供外包服务的供应商等在终止通知送达乙方之日起 30 日内应无条件向政府方移交相关资料并退场。项目公司在履行外包服务合同过程中形成的债权、债务与政府方无关，项目公司应当自行依法解决并承担相应的责任。外包服务合同应报政府方备案。

8.4 项目设施的运营维护

（1）项目公司应负责确保项目设施处于良好的状态，包括对项目设施的日常维护保养、维修，如需大修、更新、改造和重置，项目公司应提前告知政府方，经政府方批准及符合届时适用法律的前提下，可进行项目设施的大修、更新、改造和重置。

（2）项目公司应根据政府方的要求，履行本项目涉及的社会公益性事业所应尽的义务。

（3）项目公司应确保始终根据下列规定和要求提供运营维护项目设施服务：

①国家相关行业最新的规范和标准；

②政府方制定的市政及绿化养护、环卫保洁、物业等城市管理计划和目标；

③维护手册、安全管理制度以及与项目设施有关的设备制造商提供的一切有关手册、指导和建议；

④本合同的约定；

⑤谨慎运营惯例。

（4）项目设施运营手册、维护手册：

①项目公司应根据适用法律和谨慎运营惯例以及项目设施有关设备制造商提供的一切手册、指导和建议等编制项目设施的运营手册、维护手册制度，并经甲方同意后遵照执行；

②运营手册、维护手册应根据维护的实际情况随时进行修改、补充和完善，该等修改、补充和完善需经甲方同意后方可执行；

③维护手册应包括项目设施进行定期和年度检查、日常维护、大修、更新、改造和重置的程序和计划，还需列明维护所需的消耗性备品备件和事故抢修的备品备件，能够使项目设施处于良好的状态并能够安全稳定运行。

（5）安全管理和应急预案：

①项目公司应当加强安全管理，建立健全安全生产责任制、消防安全等管理制度，并向政府方报备；

②项目公司应当制定安全生产事故、火灾事故、治安、群体性事件、人流密集场所突发公共事件和自然灾害等应急预案，并向政府方报备。

8.5　政府绩效考核

（1）政府方指定考核指标体系，就项目在实施前制定专项绩效考核方案对项目公司进行绩效考核，并将绩效考核结果与政府付费挂钩。

（2）政府方可自行或委托第三方机构设立专门绩效考核机构在考核指标体系约定的各项付费考核年度结束后 30 日内对项目公司进行绩效考核。

（3）政府方应将考核日期在考核前 10 日通知项目公司，项目公司应全力配合甲方或第三方机构的考核工作。政府方或第三方机构需在考核完成后的 10 个工作日内出具考核结果。政府方将根据考核结果确定应支付项目公司的结算金额。

09 第9章 投资回收与项目退出

投资回收是指投资实现后，通过投资项目的运作，投资资金以货币资金的形态重新全额回归到投资者手中的过程。

投资退出机制是指风险投资机构在所投资的风险企业发展相对成熟或不能继续健康发展的情况下，将所投入的资本由股权形态转化为资本形态，以实现资本增值或避免和降低财产损失的机制及相关配套制度安排。

本章重点介绍PPP投资项目的投资回收及项目退出。

9.1 投资收回

9.1.1 使用者付费

使用者付费是指由最终消费用户直接付费购买公共产品和服务。项目公司直接从最终用户处收取费用，以回收项目的建设和运营成本并获得合理收益。高速公路、桥梁、地铁等公共交通项目以及供水、供热等公用设施项目通常可以采用使用者付费机制。

由于在使用者付费项目中项目公司的成本回收和收益取得与项目的使用者实际需求量（即市场风险）直接挂钩，为确保 PPP 项目能够顺利获得融资支持和合理回报，建议项目公司在 PPP 项目合同中增加唯一性条款，即要求政府承诺在一定期限内不在项目附近批准新建与本项目有竞争的项目。

1. 使用者付费的相关政策依据

2017 年 6 月 1 日，财政部发布了《关于坚决制止地方以政府购买服务名义违法违规融资的通知》（财预〔2017〕87 号）（以下简称 "87 号文"）。87 号文出台后，有人认为政府付费 PPP 项目不能再实施，甚至认为 PPP 模式因此将逐渐被禁止。该粗放解读的观点实质上并未有效区分政府购买服务模式与 PPP 模式。不过，对政府付费 PPP 项目实行总量控制、提质增效和强调运营的观点已成为 PPP 下一阶段发展的共识。

2017 年 11 月 16 日，财政部印发了《关于规范政府和社会资本合作（PPP）综合信息平台项目库管理的通知》（财办金〔2017〕92 号）（以下简称 "92 号文"）。92 号文指出不适宜采用 PPP 模式项目特征包括："不属于公共服务领域，政府不负有提供义务的，如商业地产开发、招商引资项目等；仅涉及工程建设，无运营内容的" 等。

PPP 项目的初衷是实现政府职能转变，提高公益性 PPP 项目的运营效率。对于项目本身来讲，政策再怎么强调运营也无法凭空改变项目的经营属性。任何 PPP 项目都是带有公益性的项目，并非以利润最大化为目的。由于公益性的项目属性，一个再好的 PPP 项目总经理，也无法把公益类项目变成非常盈利的类商业项目。

自 87 号文以后，在全国各地实际接触来看，一方面包含使用者付费的 PPP 项目越来越多，另一方面此类项目使用者付费设计占比往往大幅超出社会资本的预期。使用者付费水平几乎无法达到可行性研究报告、实施方案和财政承受能力论证中的预测数值。由于项目实施单位和咨询机构对项目使用者付费的过高预期，社会资本方只能用"脚"投票，最终必将或多或少地影响该地区非政府付费类 PPP 项目的推进。

2. 含使用者付费项目案例分析

财政部 PPP 中心于 2017 年 9 月 27 日，转载了《中国经济周刊》2017年第 38 期"保利 PPP 模式助力唐山大剧院建设运营"的文章。剧院总投资 12 亿元、占地面积 109 亩，建成之后以 PPP 模式中的移交—运营—移交（TOT）的方式，引进社会资本进行建成后的运营。最后北京保利剧院管理有限公司脱颖而出成为运营商。

国际上知名剧院，如悉尼歌剧院等，本身在市场上并不盈利，而是靠企业赞助，而我国目前还不具备这个条件。在中国某企业冠名赞助某一场演出是可行的，但连续赞助会使企业无法承受资金压力而作罢。根据某政府测算，如果政府自己运营大剧院，不包括邀请院团演出的费用，每年成本就已超过 2700 万元，而北京保利只要求政府每年补贴 1700 万，其中包括邀请院团演出的成本。大剧院的社会效益远高于经济效益，文化演出是不挣钱的，此类项目需要政府大力扶持。

值得注意的是，即使对于行业领先、经验丰富的保利剧院，仅仅是平衡项目每年的运营维护都要依赖地方政府大量的财政补贴。相比之下，目前市场上越来越多 PPP 项目实施方案的使用者付费占比简直"叹为观止"。大量含使用者付费项目的项目经营收入覆盖项目投资建安成本的 80% 甚至更多。项目实施方案中使用者付费来源内容更是包含广告牌租赁费、4S 店经营收入、洗车费、车辆维修服务费、游戏俱乐部收入、理货配货服务费、加油加气经营收入等门类繁多的经营内容。

从项目经营的角度来看，对于非垄断性的含使用者付费 PPP 项目，比如教育、医疗、文化、旅游、体育、产业园区等，市场成熟完善度较高，消费者选择的空间很大，使得过高估计使用者付费覆盖项目成本则具有极大的经营风险。

从项目融资的角度来看，金融机构往往最关注项目的第一还款来源。如果是可行性缺口补助＋使用者付费的 PPP 项目，则既需要分析地方政府信用、项目实际市场收入和社会资本方的履约能力，更要分析项目经营性收入发生不确定性因素的概率。作为金融机构，相对于政府付费的信用风险，更担心目前合作的项目公司无法实现超高预期的经营目标，因此经营收入的过高预期将会成为项目融资的一大障碍。

笔者归纳出现此类不合理情况的原因主要有三点：首先，中央政府从把控债务的角度，50号文①、87号文、92号文等一连串控制地方政府债务的政策和"审慎开展纯政府付费类项目"的表述让整个市场对政府付费类项目出现了一定程度的矫枉过正；其次，随着PPP项目成交金额的日益增长，越来越多的地方政府财政承受能力逼近10%的红线，地方政府和咨询机构在项目设计操作中为了规避一般公共预算支出10%的政策红线，在项目实施方案设计中，脱离项目本身和市场经营的实际情况，罔顾潜在社会资本的合理建议，将无法纳入中长期财政预算的项目支出通通归拢至项目自身产生的使用者付费收入；最后，市场上个别咨询机构作为项目实施方案的供给方，对于特定项目领域的深度评估缺乏专业经验，也无法完全中立地给出合理评估意见。

3. 使用者付费理论基础

《财政部关于在公共服务领域深入推进政府和社会资本合作工作的通知》（财金〔2016〕90号）指出"要严格区分公共服务项目和产业发展项目，在能源、交通运输、市政工程、农业、林业、水利、环境保护、保障性安居工程、医疗卫生、养老、教育、科技、文化、体育、旅游等公共服务领域深化PPP改革工作"，强调了PPP项目的公共性和公益性。

公共物品理论是PPP模式的重要理论基础，PPP模式中的准经营项目和经营性项目（也就是可行性缺口补助项目和使用者付费项目）对应的都是准公共物品。而准公共物品的公共性和竞争性自从这个市场诞生以来就陷入两难：首先，公共服务的充分供给是一个城市得以运转的基础，服务对象是面向全社会，同时利益也是全社会所共享的，所以这种基础属性决定那些支付能力较弱的低收入群体也不应被排除在外。在现代社会，很难想象人们会因为价格过高而无权享受清洁的自来水供应；很难想象PPP模式修建了一个学校，学杂费却直逼高端贵族私立学校，普通工薪家庭根本负担不起；很难想象PPP模式打着全民健身的旗号修建了一个公共体育场

---

① 2017年5月，财政部等六部委联合下发了《关于进一步规范地方政府举债融资行为的通知》（财预〔2017〕50号），因此简称"50号文"。

馆，而使用价格上给老百姓感受就像是多了一个可以消费的健身房和球类馆等。

当然，对于准公共物品，过低的收费或者免费虽然能满足服务大众的目标，但是也会造成需求过度以及巨额的财政负担，同样不具有可持续性。所以笔者呼吁 PPP 项目实施方案编写时不要一味响应地方政府为了"使用者付费"而盲目提高"使用者付费"的诉求，要充分考虑项目的实际情况，充分考虑实际操作的可能性，充分听取市场测试社会资本方的合理建议。

9.1.2　可行性缺口补助

（1）可行性缺口补助是指使用者付费不足以满足项目公司成本回收和合理回报时，由政府给予项目公司一定的经济补助，以弥补使用者付费之外的缺口部分。

（2）可行性缺口补助是在政府付费机制与使用者付费机制之外的一种折中选择。在我国实践中，可行性缺口补助的形式多种多样，包括土地划拨、投资入股、投资补助、优惠贷款、贷款贴息、放弃分红权、授予项目相关开发收益权等其中的一种或多种。

（3）根据财金〔2015〕21 号文件[①]相关规定，可行性缺口补贴的计算公式为：

当年运营补贴支出数额 = [项目全部建设成本 ×（1+ 合理利润率）×（1+ 年度折现率）^{n}/ 财政运营补贴周期(年)] + 年度运营成本 ×（1+ 合理利润）– 当年使用者付费数额

其中：n 为折现年数；财政运营补贴周期为财政提供运营补贴的年数；合理利润率应以商业银行中长期贷款利率水平为基准，充分考虑可用性付费、使用量付费、绩效付费的不同情景、结合风险等因素确定。

对于合理利润率、年度折现率的定性解释在财政部《政府和社会资本合作项目财政承受能力论证指引》（财金〔2015〕21 号）也有相关表述（表 9-1）。

[①]　财政部关于印发《政府和社会资本合作项目财政承受能力论证指引》的通知（财金〔2015〕21 号），因此简称"财金〔2015〕21 号"或"财金 21 号文"。

合理利润率与年度折现率比较　　　　　　　　　　　　　　表 9-1

名词	比较与区别
合理利润率	合理利润率是指年度利润与投资额之间的比率,同时可以理解为合理的回报率,即投资回报率,它是一个静态的概念。财金 21 号文中指出"应以商业银行中长期贷款利率水平为基准,充分考虑可用性付费、使用量付费、绩效付费的不同情景,结合风险等因素确定"合理利润率
年度折现率	折现率是指将未来有限期预期收益折算成现值的比率。折现率体现了货币的时间价值,它是一个动态的概念。财金 21 号文中指出"应考虑财政补贴支出发生年份,并参照同期地方政府债券收益率合理确定"年度折现率

对于上述公式的运用,业内相关专家对上述公式持保留意见。认为上述公式中缺乏对其中数据的内涵说明,运用上述公式时容易产生歧义,从而导致同一公式测算结果不同,同时,上述公式测算结果是前期补贴较少,但前期财务费用较多,会使项目公司前期处于长期亏损,而后期补贴增加,但财务费用反而降低,项目公司利润增加,导致企业负税增大,从而间接提高政府补贴数额。上述公式对各地税收政策的差异化考虑也是欠缺的,因此运用上述公式测算政府补贴时,应明确各数据的内涵,同时应因地制宜针对不同项目进行税费测算。

对于政府付费类项目,可以考虑一种较为简单的测算方式,即年度政府补贴＝折旧与摊销＋财务费用＋经营成本＋合理利润＋合理税费。其中折旧与摊销在 PPP 项目中是指将项目公司拥有的无形资产进行年均摊销,折旧与摊销＝固定资产投资 / 财政运营补贴周期（年）。财务费用即为融资部分资金在运营期各年度产生的利息。折旧与摊销＋财务费用实质上就是项目的建设成本。经营成本是指在项目运营期内发生的经营费用,可以以实际发生额为准或通过招标确定。合理利润是指通过给予一定利润使项目达到合理的收益水平,对于合理税费这部分,一方面看政府是否存在适用的税收优惠政策,另一方面通过市场测试等手段了解投资人对税费补贴和优惠的意向,进行相应的合理调整。

其次,针对不同类型的项目政府补贴测算存在差异。例如部分供水项目,此类项目用户付费无法覆盖项目建设成本、运营维护成本及社会资本的合理回报,因此需要政府补贴。政府补贴测算可总结为两种:一是直接补贴水价,即政府补贴部分折算成水价,计入政府与项目公司约定的每立方米水价中。常见政府补贴公式为:年度政府补贴＝约定每立方米水价（投标报价确定）× 基准供水量 – 用户实际付的每立方米水价 × 实际供水量,其中基准供水量是根据前期项目调研以及市场测试等方式确定的数据，如果实际供水量小于基准供水量，项目公司承担这部分风险，如果实际供水量大于基准供水量，设置分成机制由政府和项目公司进行超额收益分成。二是年度政府补贴＝年均建设成本及合理回报＋经营成本 ×（1＋合理利润率）－用户付费＋合理税费。

以招标确定的投资回报率计算相应年均建设成本及合理回报，投资回报率的上限一方面结合财金 21 号文指出的方式进行定性确定；另一方面可以通过锁定财务内部收益率，建立现金流量表进行定量确定。同时财务内部收益率本质上是折现率，即财务净现值为零时的折现率。在 PPP 项目中，经常测算的财务内部收益率有项目全投资财务内部收益率以及项目资本金财务内部收益率，两者基准收益率的取值可以参考国家发展改革委、住房和城乡建设部发布的建设项目财务基准收益率参数表，再通过项目所在地的实际情况以及通过市场测试获得数据综合确定。

这样可使测算政府补贴的变量减少，同时简化调价机制，运用财金 21 号文提供的公式测算政府补贴需调整合理利润率及年度折现率，而上述公式中只需进行合理利润率的调整。

经营成本以实际发生并获得政府认可的数值为准，对于合理税费这部分，一方面看政府是否存在适用的税收优惠政策，另一方面通过市场测试等手段了解投资人对税费补贴和优惠的意向，进行相应的合理调整。

对于一些收费高速公路项目，尤其是西部地区收费高速公路项目，高速公路收费无法覆盖项目建设成本、运营成本以及合理回报，通常要根据具体的财务分析测算政府补贴。一是补贴价格，即约定车辆通行费价格，政府补贴＝约定通行费价格 × 基准车流量 － 实际通行费价格 × 实际车流量 － 其他业务基准收入，此种补贴方式适用于车流量较多的项目，当车流量降低到一定程度时，会导致项目公司现金流出现断流，这会使投资人和融资机构认为项目风险过大，同时，政府补贴总额较高。二是补贴车流量，此种方式是在进行财务分析时，通过对应的现金流测算出能够覆盖建设成本、经营成本以及合理利润的年车流量，与可研预测车流量的差值即为项目补贴车流量，此种方式可以解决现金流断流的问题，但是导致运营初期补贴车流量较高，政府补贴支出较大，财政压力相应增加。三是既补贴通行费价格又补贴车流量，此种方式较少使用，原因是变量较多，在实际中操作存在困难，主要是提供一种中性思路，可在财务分析中进行运用。四是年度政府补贴＝年均建设成本及合理回报＋经营成本 ×（1＋合理利润率）－用户付费＋合理税费，此种方式较为适用于车流量较少的情形，同时兼顾财政承受能力，补贴额较为平滑。

9.2 项目退出

9.2.1 国有股权退出方式

根据《企业国有资产交易监督管理办法》规定，国有股权转让应在产权交易所采用竞价方式进行，其中竞价方式可以采取拍卖、招标投标、网络竞价以及其他竞价方式，且不得违反国家法律法规的规定。

9.2.2 国有股权转让的程序

1. 公开转让程序

审批制度；清产核资；财务审计；资产评估；交易管理；造价管理；转让款的管理；维护职工合法权益；办理工商变更登记。

2. 非公开转让方式与程序

涉及国家安全的，同一国家出资企业，经批准可以非公开转让；国资监管机构批准，审核一系列文件。

9.2.3 解散清算退出

1. 项目到期移交

资产移交。由于很多大型项目的土地等资产并不在项目公司名下，移交内容更多的是技术资料和必要的技术人员。对项目公司所拥有的资产范围进行详细分析，以测算在移交时是否会产生移交费用，提前明确移交费用的承担主体。

股权移交。除非项目运营期满后确有必要保留，通常情况下，合作期到了项目公司将被清算解散，很少向政府移交股权。

2. 解散清算的依据与程序

项目公司解散依照《公司法》规定执行。

成立清算组开展工作，由董事会或股东大会确定清算组人员。

公司清算结束后,清算组应当制作清算报告,报股东会或人民法院确认,并报送公司登记机关,申请注销公司登记,公告公司终止。

9.2.4　项目公司减资退出

1. 减资退出

由于公司资本过剩或交换严重,根据经营业务的实际情况,依法减少注册资本,退出公司的行为。根据公司资本确定原则,减资在法律上受到严格控制,只有在满足特定条件,发行法定程序后才能实施。

2. 减资程序

按照《公司法》规定,公司减资程序:

作出股东大会决议或者决定;修改公司章程;办理前置审批;编制资产负债表和财产清单;通知债人对外公告;清偿债务或提供担保;办理工商变更登记。

9.2.5　违约退出

1. 政府方违约

（1）未按合同约定向项目公司付费或提供补助达到一定期限或金额的;

（2）违反 PPP 项目合同约定转让 PPP 项目合同项下义务的;

（3）发生政府方可控的对项目设施或项目公司股份的征收或征用的;

（4）发生政府方可控的法律变更导致 PPP 模式项目合同无法继续履行的;

（5）其他违反 PPP 项目合同项下义务,并导致项目公司无法履行合同的情形。

当地政府发生违约行为时,项目公司有权通知当地政府根据项目特许权协议当地政府已经发生违约行为,并且在规定时间内如果当地政府不能采取有效的补救措施,项目公司将单方面终止项目合同。如果当地政府在接到项目公司的通知后,在一定时间积极采取补救措施,并且在项目公司确认当地政府的补救措施可以使项目公司回到未发生相应事项时基本相同经济地位后,项目将继续进行。如果即使当地政府在接到项目公司通知后也采取了补救措施,但是项目公司认定当地政府的补救措施无法使项目公司回到未发生相应事项时基本相同经济地位,在这种情况下,项目公司将和当地政府在规定时间未采取任何补救措施一样，将终止特许权协议，项目公司在获得特许权协议中规定的补偿后将退出项目。

2. 项目公司违约

当项目公司发生违约行为时，当地政府有权通知项目公司根据项目特许权协议项目公司已经发生违约行为，并且在规定时间内如果项目公司不能采取有效的补救措施，当地政府将单方面终止项目合同。如果项目公司在接到当地政府的通知后，在一定时间积极采取补救措施，并且在当地政府确认项目公司的补救措施可以使当地政府回到未发生相应事项时基本相同经济地位后，项目将继续进行。如果即使项目公司在接到当地政府通知后也采取了补救措施，但是当地政府认定项目公司的补救措施无法使当地政府回到未发生相应事项时基本相同经济地位，在这种情况下，当地政府将和当项目公司在规定时间未采取任何补救措施一样，将终止特许权协议，项目公司在获得特许权协议中规定的补偿后将退出项目。

3. 不可抗力事件

当不可抗力事件发生后，当地政府与项目公司可以共同协商解决办法。如果在一定时间内当地政府与项目公司双方对不可抗力事件产生的后果的解决办法达成了一致，项目可以继续进行。如果在一定时间内当地政府与项目公司双方在不可抗力事件产生的后果的解决办法问题上无法达成一致，当地政府与项目公司任何一方都有权向另一方发出通知，单方面终止项目特许权协议。在当地政府或项目公司单方面终止项目特许权协议后，项目公司获得特许权协议中规定的补偿后退出项目。违约触发情形如表9-2所示。

触发违约的情形　　　　　　　　　　　　　　　　表9-2

触发情形	具体情形
政府违约	①政府指定执行机构解散、关闭或资不抵债，除非该政府指定机构在本协议项下的权利和义务转让给一个能够继续履行该机构义务的，具有合法地位和相应的商业职能的受让人； ②根据特许协议，项目开始运营之日前先决条件未得到满足； ③政府指定机构在本协议下无争议的款项到期后一定时间内未付款，并且在通知当地政府后，当地政府在其后一定时间内未能通过其提供的支持对违约进行补救； ④当项目公司向政府提交调价申请后，当地政府未能核定并向价格主管部门转呈项目公司提出的调价申请； ⑤当地政府对政府指定执行机构在议下的义务的支持解除或无效； ⑥当地政府或政府指定执行机构对本协议义务有实质性违约，且在项目公司就此发出通知后的一定时间内仍未对违约采取补救措施； ⑦当地政府或其指定执行机构没收、扣押或征用了项目资产的和/或项目公司股权中的任何重要部分；

触发情形	具体情形
政府违约	⑧当地政府或其指定执行机构在特许权协议的附属协议项下违约将被视为当地政府在本协议项下违约
项目公司违约	①项目公司未能根据协议的要求向当地政府提交履约保证金； ②在相关重要事件日期的当日或之前没有实现该重要事件完成，并且项目公司在收到当地政府书面通知后的一定时间内仍没有实现该重要事件的完成； ③项目公司未能按照行业规定及当地政府规定对项目进行建设，而且项目公司在收到当地政府书面通知后的一定时间内仍未采取有效补救措施； ④根据协议，项目公司被视为放弃项目的建设； ⑤项目公司没有根据协议的规定对项目进行运营和维护，就该项目而言已到达严重程度，而且项目公司在收到当地政府书面通知后的一定时间内仍未采取有效补救措施； ⑥未经当地政府事先书面同意，项目公司或运营维护承包商放弃对项目的运营和维护并超过一定时间； ⑦除为重组或合并目的外（条件是该重组或合并不影响重组后或合并后的实体履行本协议项下义务的能力），项目公司将破产，或资不抵债，或停止对外支付到期应支付款项； ⑧贷款人根据融资文件宣布的违约以及根据融资文件，采取其补救措施； ⑨根据协议，项目开始运营之日前先决条件未得到满足； ⑩根据协议，项目运营中技术指标未达到标准，且在一定时间内项目公司或运营维护承包商仍未采取有效补救措施； ⑪项目公司没有按照协议取得和维持所需的保险； ⑫项目公司未能根据行业标准和惯例有效地管理、运行、维护和修理项目，以至于对项目的人员和财产的安全以及向其用户提供的服务质量受到严重的不良影响； ⑬除根据协议的条款，未经当地政府同意将本协议项下项目公司的权利或义务的转让，或项目公司未经当地政府事先同意对项目的所有权和经营权的移交、丧失或让予； ⑭项目公司未经当地政府同意，擅自修改了其作为一方的任何项目文件； ⑮项目公司的雇员或分包商蓄意破坏项目设施； ⑯项目公司在协议中的声明和保证被证明与提供时有严重出入，使当地政府履行本协议的能力受到严重的不利影响； ⑰项目公司对本协议的任何实质性违约，且在当地政府就此发出通知后的一定时间内仍未对违约采取补救措施； ⑱项目公司在协议的附属协议项下违约将被视为特许权协议项下项目公司协约
不可抗力	①任何战争行为（无论是否宣战）、入侵、武装冲突、外敌行为、封锁、暴乱、恐怖活动或军事力量的使用； ②闪电、地震、地沉、地隆、山崩、飓风、风暴、火灾、洪水、干旱、陨石撞击和火山爆发，或任何其他天灾； ③发生瘟疫和大规模流行性疾病； ④全国性、地区性或行业性罢工； ⑤没收、征用、充公或国有化； ⑥封锁、禁运、进口限制或配额限制； ⑦法律变更； ⑧在协议的附属协议项下出现不可抗力导致的协议终止将被视为本协议项下不可抗力导致的终止

若双方对于由于对本协议项下或与本协议有关的条款理解发生分歧，包括关于其存在、有效或终止的任何问题产生任何争议、分歧或索赔，可由双方组成的协调委员会或由协调委员会决定聘请的专家小组提出解决办

法或做出裁决。

1. 政府提出

如果由于项目公司违约，给当地政府的利益带来实质性影响，当地政府有权要求项目公司给予足够的补偿，以使其达到未发生这些事项之前同样的经济地位。

如果项目公司对其违约行为积极采取补救措施后，当地政府认为该补偿行为未能满足以上原则，当地政府应在收到项目公司的提议后一定时间内将其异议通知项目公司。该争议应提交双方组成的协调委员会或由协调委员会聘请的专家小组提出解决办法或做出裁决。该协调委员会专家根据未发生相应事项时基本相同的经济地位，或提出能足以使当地政府回到未发生相应事项时基本相同经济地位应补偿的数额和方式的建议。

如项目公司的提议得到专家的肯定，且该提议可以有效执行，则当地政府有义务接受政府的提议，使项目继续进行。如当地政府不接受或不履行，导致协议终止，则按有关条款进行补偿。

如项目公司的提议没有得到专家的肯定，则认定项目公司违约导致特许权协议终止，按有关条款进行补偿。

这种情况的应对流程如图9-1所示。

2. 项目公司提出

如果由于当地政府违约，项目公司的利益带来实质性影响，项目公司有权要求项目公司给予足够的补偿，以使其达到未发生这些事项之前同样的经济地位。

如果当地政府对其违约行为积极采取补救措施后，项目公司认为该补偿行为未能满足以上原则，项目公司应在收到政府的提议后一定时间内将其异议通知当地政府。该争议应提交双方组成的协调委员会或由协调委员会聘请的专家小组提出解决办法或做出裁决。该协调委员会专家根据未发生相应事项时基本相同的经济地位，或提出能足以使项目公司回到未发生相应事项时基本相同经济地位应补偿的数额和方式的建议。

如当地政府的提议得到专家的肯定，且该提议可以有效执行，则项目公司有义务接受政府的提议，使项目继续进行。如项目公司不接受或不履行，导致协议终止，则按有关条款进行补偿。

这种情况的应对流程如图9-2所示。

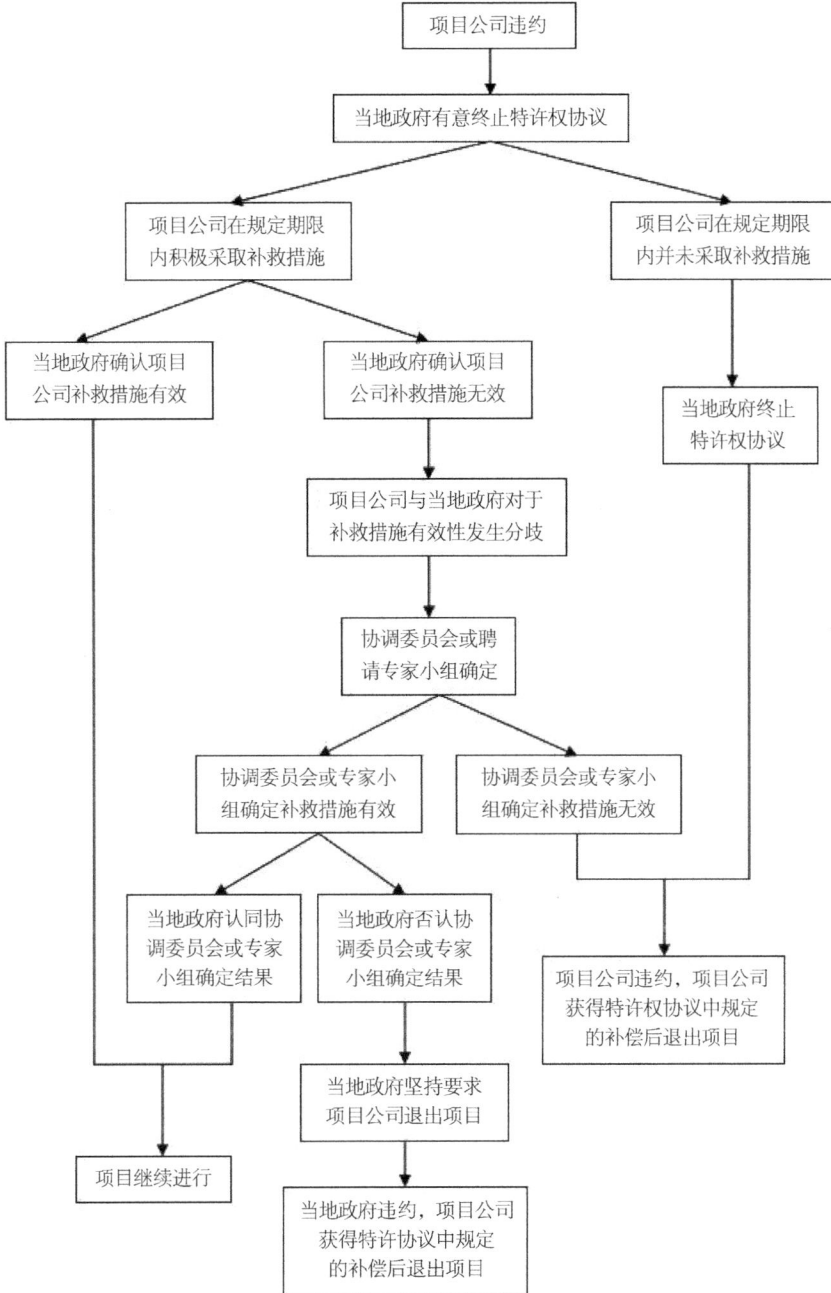

图 9-1 项目公司违约应对流程

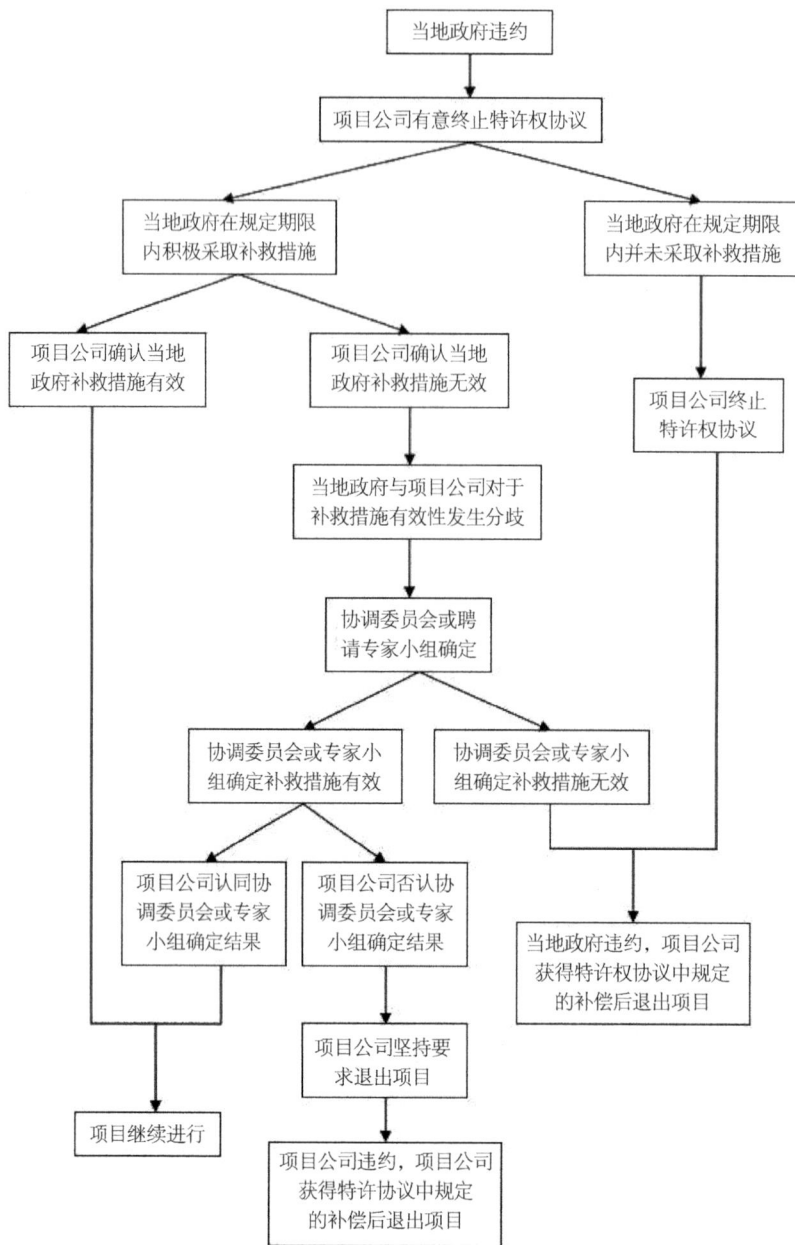

图 9-2 政府违约应对流程

10 第10章
组织与领导

　　任何一项工作都是团队协力来完成的，为确保团队目标和行动的一致性，科学有力的组织领导至关重要。组织即由若干个人或群体所组成的、有共同目标和一定边界的社会实体。领导是指运用权力指挥、带领、引导和影响下属为实现组织和群体目标而积极行动和努力工作的过程，是在一定的社会组织和群体内，为实现组织预定目标，领导者运用其法定权力和自身影响力影响被领导者的行为，并将其导向组织目标的过程。在投资管理实践中，组织与领导密不可分、相辅相成。本章主要从组织结构、工作计划与分解、高效项目团队、高效的项目经理、项目投资管理体制、项目投资决策流程、项目操作流程、项目计划组织、工作汇报与总结等方面对项目投资过程中的组织与领导问题进行深入探讨。

10.1 组织结构

从公司的整体组织结构来确立项目团队的工作任务、职责、权限等。项目经理的职权，给团队成员分配任务的性质，如全职或兼职，如何制定决策，与公司请示报告体系，与政府机构、客户和承包商的联系等。

10.1.1 职能型结构

公司创业之初，由一些常驻成员组成的紧密结合的项目团队。随着规模扩大，分出若干职能部门，就多采用职能型结构。这种结构具有保持技术专业化和规模经济的优点。在大部分工作都是常规之外，且没有太多涉及跨部门项目的稳定条件下，该种结构表现较好（图 10-1 ）。

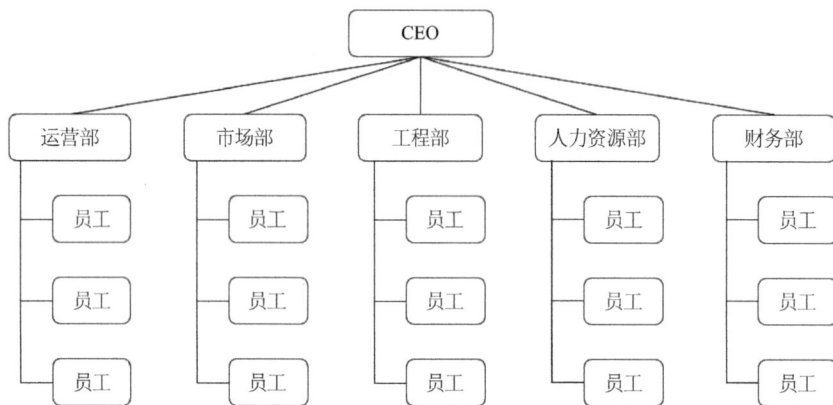

图 10-1　职能型组织结构

10.1.2 项目型结构

项目型结构是大型工程和咨询项目的典型。如美国国家航空航天局、柏诚顾问有限公司等，这些组织的员工往往被安排到大项目中去，长达几个月甚至几年，人们完成项目后，离开项目组织并立即转移到新项目中去（图 10-2 ）。

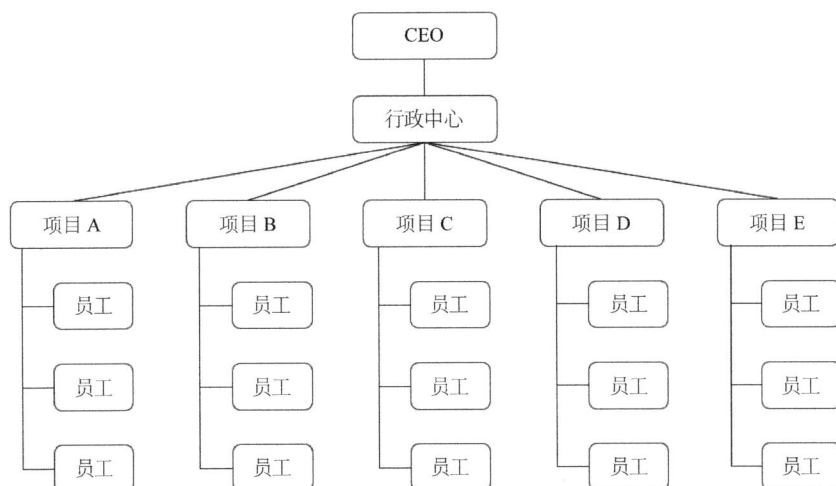

图 10-2　项目型组织结构

10.1.3　混合型结构

为满足项目和常规工作的需求，将智能型和项目型结合，形成以下混合形式：

1. 矩阵式组织

矩阵式组织形式：纵向维度职能部门，水平维度则进行项目运作。集结多个部门的团队成员全职或兼职从事项目工作。团队成员属于职能部门，既在项目上利用其专业知识，又在职能部门的专业领域发展职业生涯（图 10-3）。

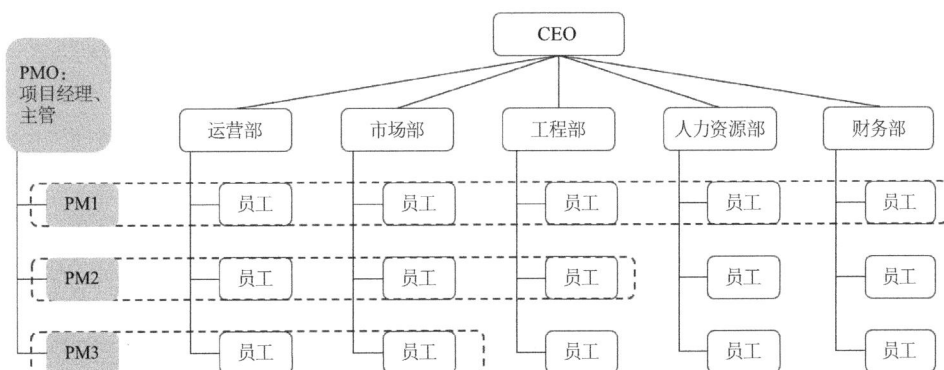

图 10-3　矩阵式组织结构

项目经理的职权与职能部门经理职权等级相似时，为强矩阵；没有正式职权时，为弱矩阵；介于两者之间，为平衡型矩阵。项目经理向项目经理主管（PMO）汇报工作。该领导的职位与职能部经理的职权大致相同，讨论确定项目的优先顺序，调度资源。项目经理也可能通过职能部门或向CEO领导下的执行小组汇报工作。

矩阵组织结构如何考核需要精心设计。谁来评估项目团队成员的绩效？这些成员既隶属于职能部门，又在一定时期内长期对项目经理负责。

2. 复合式组织

一些项目在部门内运作；一些项目通过 PMO（Project Management Officer，项目管理部）运作；超大项目、较大新业务项目独立实体运作，或与职能部门有限关联（图 10-4）。

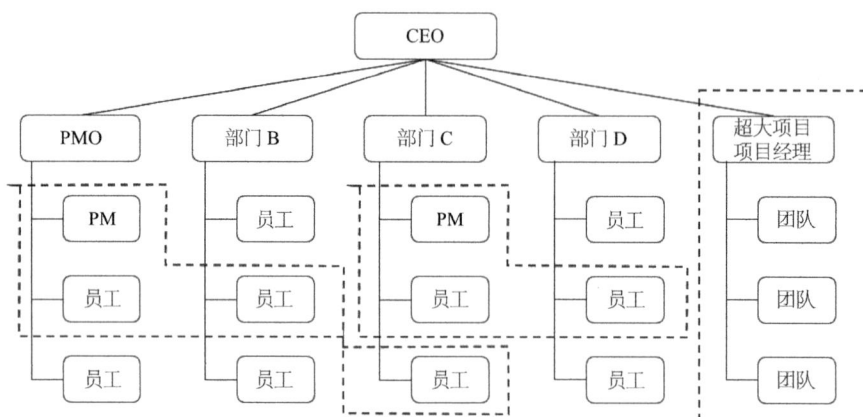

图 10-4　复合组织：职能型、项目型和矩阵式的组合

3. 网络式组织

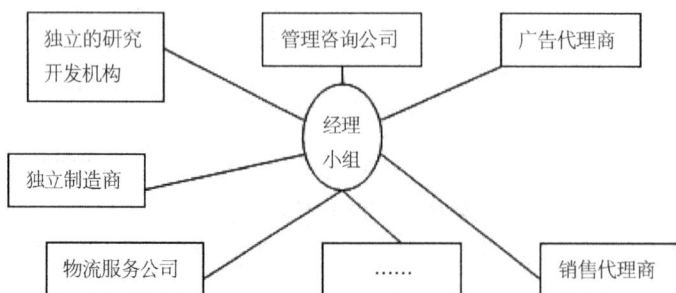

图 10-5　网络型组织结构

项目团队存在于正式和非正式组织结点上，涉及组织之外的供应商、承包商等实体。

一些项目完全由分包商实施，项目经理及核心团队负责协调。一些项目目在部门内运作，与其他部门的员工保持非正式关系（图 10-5）。

10.1.4　分包

项目团队的边界超越了组织，包括了外部的人员和实体。需要外聘公司、中介机构。这些都需要用合同协议来明确。

合同协议确定责、权、利，合同结构，支付时间，惩罚与激励。

10.1.5　要素组成结构

无论自然界还是社会领域，事物的结构一定程度上决定了其功能。自然界中金刚石与石墨就是典型代表（图 10-6）。

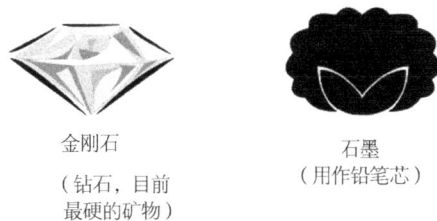

金刚石
（钻石，目前
最硬的矿物）

石墨
（用作铅笔芯）

图 10-6　金刚石与石墨

石墨为碳质元素结晶矿物，六边形层状结构，网层间的距离大，是最软的物质之一。

金刚石为正八面体，无色透明，每一个碳原子之间都紧密结合、相互支持，形成一种致密的三维结构，都是自然界中最坚硬的物质。

公司组织结构同样存在类似现象，其要素包括人、财、物、信息、知识等，组成的结构不同，公司组织的功能效率会产生天壤之别，如组织松散，人员如堆放的材料，没有战斗力，势必如石墨般柔软。公司组织内部各元素为了同一目标，相互保持紧密联系，工作中相互支持、依赖，对外保持整体性，能够招之即来、来之能战，成为最硬的"钻石组织"。

10.1.6 小结

（1）公司需要通过制定项目章程，来确定项目经理及团队的工作任务、职责、权限，与公司部门、领导的请示、汇报关系，与外部政府机构、金融机构、总分包商、咨询机构（如产业策划机构、规划设计、会计师、律师等）的联络对接关系。

项目开始时确定的内容，项目运作一段时间后，及时检索，随着情势变化，及时做出调整。

（2）公司、项目都要清楚由谁制定决策，团队任务的性质，对项目、项目经理及项目人员如何评估，由谁来评估。

10.2 工作计划与分解

10.2.1 工作分解结构

工作计划与分解的内容，美国项目管理协会将工作分解结构（Work Breakdown Structure，WBS）定义为：项目团队完成的可以交付成果的工作层次分解。规划工作：应当包括最底层级的 WBS 组成部分，即可以进行进度计划、成本估算、监管和控制的工作包。

10.2.2 思维导图

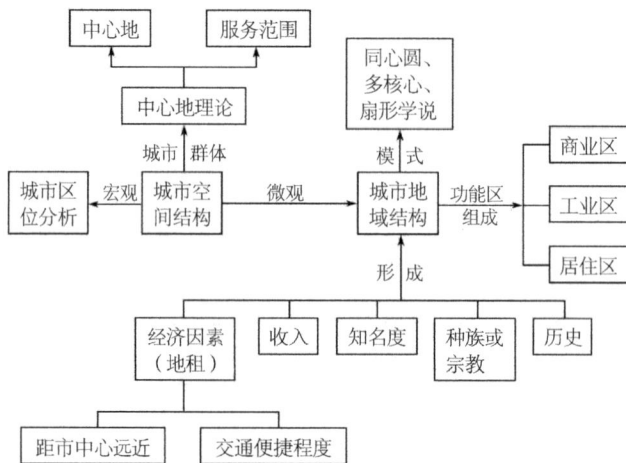

图 10-7 思维导图

10.2.3 分派任务

每一次任务都需要有人负责,具体到人,而不是部分。他应该对工作的成功和完成及时负责。任务可以分配到可交付成果层,或下溯到工作包层面,或在两者之间。

10.2.4 审核任务分派

某一个人是否任务分派过多?一个人如果手中有 2 ~ 3 项工作同时在做,分派的任务不能占他总体工作时间的 70%,因为不同工作之间的转换需要休整。

没有分派出去的任务,可能是团队中没有人具备相应能力,或没有人感兴趣,该项工作没有清晰界定。项目经理应重新考虑:完善任务描述、工作外包、吸收有能力的员工、训练现有团队成员或寻找方法使工作变得更有新引力。

工作外包并不意味着责任转移。项目经理应当自己或团队成员对分包、外包工作负责,及时了解需求、交接、进度和问题等各方面的信息。

如一个产业园区的概念策划委托一家咨询公司,可能需花 1 ~ 3 个月时间,费用数百万,总体规划、详细规则、修订性详细规划可能需花几千万。这个钱的花费与否需要权衡很多因素,需要公司作出决策。

10.2.5 责任分配矩阵

责任分配矩阵又名工作分配矩阵。列表显示,每项工作作为行,列示在甲栏,人员作为丙栏,每行每列交叉单元记录每个人在特定项目活动中所扮演的角色。一表在手,一目了然。

10.2.6 时间估算、预算和绩效考核

上述工作分解完成后,则能估算工作时间和日历时间,估算材料和支持服务,以及测算费用和收益,进而完成预算和绩效指标。

10.2.7 检查和修订

随着计划执行,项目团队可能需要修订 WBS。工作可能有增有减,及时检查、修订,并向公司报告批准。

10.3　高效项目团队

10.3.1　组建高效项目团队

通常项目团队由项目经理、核心团队成员和合同团队成员组成。项目团队作为项目开展实施完成的主体，项目经理自然是灵魂人物，领导、运筹、协调、整合都需要其发挥重要作用。但是，项目的成果绝非单靠项目经理一人努力就可以，更多地依靠整个团队的智慧和力量。

（1）确立明确的项目目标，具有共同愿景、共同使命。提示项目的凝聚力、战斗力、包容力。

（2）团队成员相互信任，相互依赖，优势互补，技能战斗，协调一致。

（3）加强学习，抓紧培训工作，创造思想碰撞的机会，知识共享，创新知识，积累经验。

（4）尊重、理解、关心团队成员，促进团队成员之间的沟通，调动团队成员的积极性，创造良好的工作氛围。

（5）建立激励机制和约束机制。

（6）加强对合同团队成员的引导和管理，增强认同感，协调合作，打造开放性团队。

10.3.2　建立项目团队绩效考核指标

市场在变，需求在变，既定的目标也会随时间不断改变。动态柔性和项目团队随着项目的产生而成立，随着项目的完成而结束。有些成员可能中途加入，也有可能中途离开。只有领先于竞争对手，及时满足客户的即时需求，才能获得竞争优势，拿到项目，公司才可生存、发展、壮大。

测量项目绩效时，结合团队绩效和成员绩效，着眼于关键项目评价指标，包括定量指标和定性指标。定量指标，依据可视、可测量的指标与数据，对各种数据和书面材料进行评价；定性指标，带有模糊的性质，采用专家评分法，根据所确定的权重进行计算。

10.3.3　构建科学合理的薪酬体系

建立与公司发展战略相适应的薪酬体系，促进团队绩效和员工素质的提升。

保证员工的劳动获得相应报酬，发挥薪酬吸引，起到保留和激励员工的作用。同时，支付报酬后公司获得预期合理的效益，以保证公司可持续发展。

10.4　高效的项目经理

10.4.1　项目经理责任制

（1）选好项目经理，具有战略规划、企业家素质。

（2）配好项目人员：产业规划人员、投资人员、工程人员（按专业分类）、法律人员、融资财务人员、公关人员。

10.4.2　高效领导者的人格特质

（1）精力充沛；

（2）抗压能力强；

（3）自信；

（4）内部控制力；

（5）性情稳定而且成熟；

（6）个人诚信；

（7）适度进取心。

10.4.3　核心能力

（1）有远见的领导者，政治敏锐，具有创造思维能力，提出解决方案，确定共同的愿景，激励团队成员。

（2）注重细节的管理者，技术精湛，具有分析能力，做出详细的进度计划、预算、资源安排和跟踪进展。

（3）坚持原则与灵活变通。

（4）人际关系和谐，善于沟通：

①学会倾听

关注发言者；换位倾听；对发言者做出反应，适时地点头和微笑；先听完，再开始说，发言者不要啰唆，倾听者不要打断对方；询问问题，弄清本意。

②制定沟通策略

确定沟通目标；了解清楚具体的听众情况，选择最适合于你所传达信息的方式；组织材料以达到最好效果。

③报告要点

信息材料准确；演练报告；有条理；把握好声音和语调；与听众保持眼神接触，避免背对听众和照着电脑屏幕念 PPT；使用手势和动作保持听众的注意力；使用有效的视觉效果；控制报告的速度，不快不慢；预测可能的听众问题，并准备好对应的回答。

10.4.4　影响力

影响力是利用个人的能量影响、引导或改变特定情况下的结果。项目经理几乎总是缺乏正式的职权来获得所需资源，所以对项目经理来说影响力非常重要。

（1）互惠。是指人们有义务回馈其所得的基本社会规范。在项目管理的环境中，你以前曾经协助或帮助过的人更有可能同意你的要求。

（2）一致性。社会心理学研究表明，人类更乐于始终如一。项目组成员明确，必须以一定的形式公布，以获得公司各部门领导的支持。

（3）社会认同。是指人倾向于看别人在做什么，尤其是类似的或受人尊敬的人的行动具有示范效应。同上司相比，人们更乐于支持同级同事。

（4）偏好。人们更乐于认同他们喜欢的人。项目经理需要赢得朋友。同时，需要了解与谁在一起工作，了解同级，寻找共同的话题、共同的兴趣，认可他/她们的成就。发一封真诚的微信或电子邮件，手写便签，当面口头表达，恰到好处的赞扬是很好的激励，建立起团队亲密的关系。

（5）权威。项目经理对报酬、晋升和资源的控制力有限。权威的主要来源是能力和专业上认可。自己的知识能力出众十分重要，同级能在你这里得到引导、指引、经验分享，一起工作，业绩不断提升，这是基础。仅有能力是不够的，还要身先士卒，以身作则，让大家了解、认可和信服。

（6）潜在损失和潜在收益。潜在损失比潜在收益对人们的决策具有更大的影响力。

（7）从大到小排列顺序向有关方提出要求。

10.4.5　谈判重点

谈判意味着和别人商谈以达成协议。原则谈判或价值谈判，是为高效和友善地达成明智结果，而清晰设计的一种谈判方法。反之，如双方是立场谈判，则将导致不明智的协议，甚至根本就达不成协议。原则谈判的重点，即谈判实用工具思维导图，如下：

（1）对事不对人。把自己视为与对方及其他人共同工作来解决问题，而不是与对方及其他人对抗。谈判的对方也具有自尊和情感。应关注沟通什么和如何沟通。俗语说：好言一句三冬暖，话不投机半句多。

（2）关注利益，而非主场。多渠道了解对方的利益诉求，争取主动。请示上级领导后，再出面谈判。

（3）制定多种可行的谈判方案，将方案从高谈起，逐步让步到接近底线而不是越过底线，促进共同利益和创造、协调不同利益。

（4）谈判的结果应该反映一些公平的标准，而不是独立于任何一方的意志。例如市值价值、专家意见、合法性、产品性能或满足预定完成日期。谈判一开始如能标准达成共识，就能避免意愿的较量。

10.4.6　组织团队会议

会议是项目沟通的最重要形式之一，项目经理的一个重要职责是确保会议对项目有价值，且对所有相关人也有价值。

会前充分准备，要讨论的问题或者要做的决策清晰；会中充分发扬民主，会议主持人应保证每个人充分表达意见，项目经理不能过早、过于频繁显示主场，以免影响团队成员出谋划策的表达。注重会议处理这些议题的方法、程序、模式和工具清晰。会议结束高效集中，避免议而不决。

每个人说话前，充分调查研究，重大事情准备两个或两个以上方案。说话时，言简意赅。

领导／项目经理承担一方面的工作，也应与普通工作人员将自己负责部分给大家汇报。

从政不在言多，言多必失。少说话、多思考，言必行，行必有果。

会议要做好记录，发布日志、会议纪要。现场会议、电话会议灵活运用。

10.4.7 冲突管理

冲突是不相容的人、观念和利益之间的一种不和谐状态，可以为项目团队的成功发挥强大而积极的作用。当然，如处理不当，也将危及项目的成功。

（1）任务相关的冲突能够更深入地理解问题，进而确定解决方法。

（2）人际冲突可能是个性差异或者长期敌视的结果，也可能是团队其他问题的征兆。团队中表现出来的可能是对于项目的意图和目标、角色或过程失误的表现。

由于团队怎样决策、谁来决策或会议如何管理等没有明确规定，往往产生一连串的争辩。

人们往往只看到水平线上的人际关系，实际上那只是冰山一角，水平线下面组织层面的因素，才可能是导致冲突的原因。执行者将自己绩效不佳的原因归于外部因素，不从自身找原因；观察者将执行者绩效不佳原因归于自身内部因素。项目经理不要受这些偏见影响，找出真实原因，予以解决。不从根本上去解决，冲突会不断发生，没完没了。这是项目经理以及上级管理者应高度重视的。欲解决问题，应把原因找准，对症下药。

（3）批评与自我批评

为及时解决并预防冲突、矛盾发生，每个季度、年度开民主生活会。会前，同事间、项目经理与每个同事间多一对一沟通、谈心，通过谈心，消除信息不对称和误会。将冲突和矛盾化解为无形。

扬善于庭，归过于室，尤其领导者，更应做表率。彼此理解、欣赏、赞美，互相学习，共同进步。

自我批评。曾子曰：吾日三省吾身。

一事当前，多从自身找原因。人贵有自知之明。遇事虚怀观一是，与人和气察群言。人往往是不遇事时能虚怀若谷，遇事时往往不能虚怀。

飞越思考。人在一定的时间与空间中做事，分析判断事情总有一个坐标原点，将原点建在武汉如何？建在北京又会如何？建在地球的中心，如何？建在月球的中心，如何？建在太阳的中心，如何？

中心稳定法。位于台风中心，台风是很少的。关岛是台风的发源地，但此地台风甚少。这启示人类：处于领导中心的人们，心要稳如泰山，每临大事有静气。凭栏静听萧萧雨，万马奔腾永不停。

10.4.8 激励团队

（1）生活和工作条件可以充分满足基本需求。马斯洛提出了人类金字塔式的需求，生理健康、安全需求、社会需求、自尊和自我实现等。前两者，达到是最基本的，包括薪酬水平、工作安全、公司政策公平和工作环境。

（2）内在激励因素。学习机会、有吸引力的挑战、与喜欢的人作为同事一起工作。

10.5 项目投资管理体制

10.5.1 分级管理

公司所属的事业部、分支机构等为投资项目发起的主张单位，对投资项目落地、风险及经济效益负责。公司投资行为按照"谁主张、谁举证"的原则，由项目主张单位编制《机会研究报告》《项目可行性研究报告》《项目立项建议书》《项目建议书》等。

10.5.2 公司投资管理部门

公司投资管理部门为公司投资管理业务的主管职能部门，负责组织协调投资项目评审、备案、立项、可研和投标决策相关工作，准确识别项目风险，提高项目决策效率。

10.5.3 项目工作组

设立项目策划工作组，小组实施矩阵式管理。项目工作组由总经理、副总经理及成员组成。其中，成员包括投资、产业、工程、金融、财务、法律、人力等部门领导构成。

10.5.4 投资机构决策机构

（1）股东会为公司投资项目最高决策机构。

（2）董事会根据股东大会的授权可以对投资项目进行决策。

（3）战略与投资委员会为投资项目投标决策咨询机构，需经战略与投资委员会 2/3 以上同意，方可提交董事会。

（4）立项委员会为投资项目立项决策机构，公司投资项目立项，需经过立项委员会 2/3 以上同意，方可予以立项。

10.6 项目投资决策流程

投资项目实施前，应经过识别备案、立项和投标决策三个程序（图 10-8）。

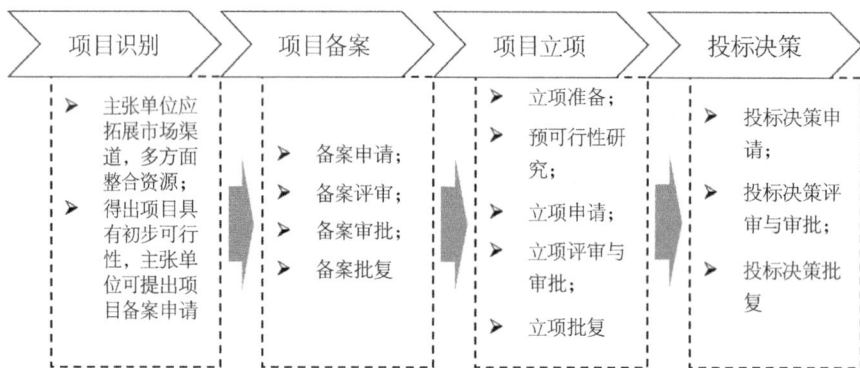

图 10-8 投资决策程序

10.6.1 项目备案审批流程

投资管理部门对项目备案申请评审意见进行汇总后，经投资业务分管领导审核通过后，报公司总经理办公会审批，审批通过后备案完成（图 10-9）。

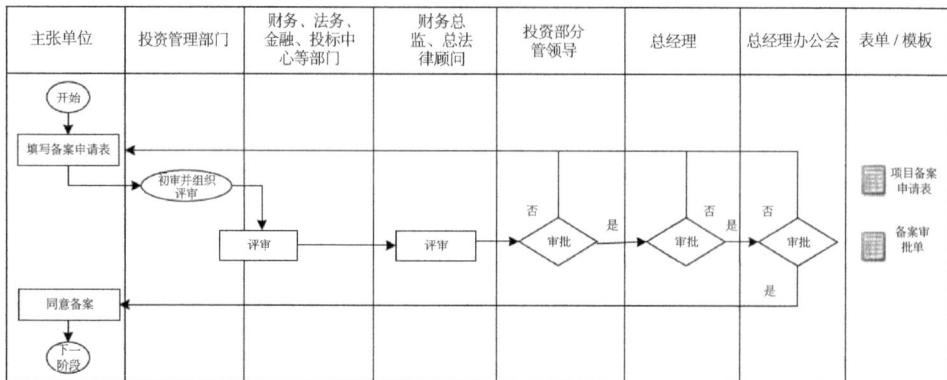

图 10-9 项目备案审批流程图

10.6.2　项目立项审批流程

项目立项是项目深化和熟化的重要标志。项目备案后，投资项目立项管理主要包括立项准备、预可行性研究、立项申请、立项评审与立项审批、立项批复共五个方面的工作（图 10-10）。

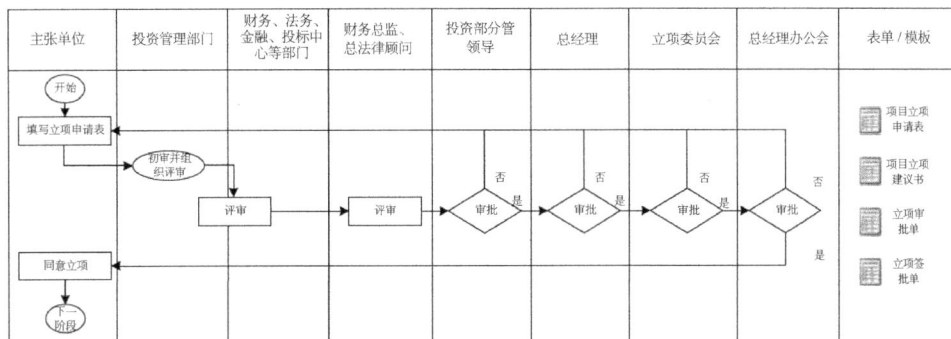

图 10-10　项目立项审批流程图

10.6.3　项目投标决策审批流程

项目投标决策包括投标决策申请、投标决策评审与审批、投标决策批复共三个方面的工作（图 10-11、表 10-1）。

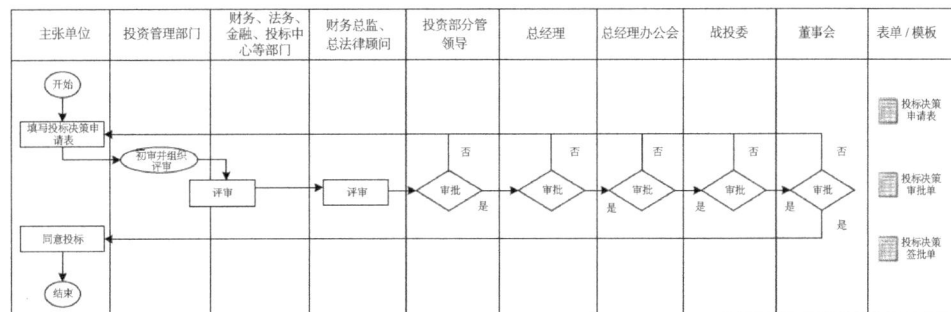

图 10-11　项目投标决策审批流程图

项目评审要点　　　　　　　　　　　　　表 10-1

序号	部门		评审要点
1	专业部门评审	投资部	• 对投标决策申请材料进行合规性审核； • 对可行性研究报告中的商务条件、技术条件等，提出专业建议

序号	部门		评审要点
1	专业部门评审	金融部 财务部	• 资本金融资方案及贷款意向函； • 项目贷款落实方案； • 现金流； • 是否并表； • 基金公司进入与退出机制
		投标中心	• 竞争对手单位及其情况； • 评价招标文件中的条件设置、合同条款、评审方案等； • 联合体构成
		法务部	• PPP项目合作合同、PPP项目合同与股东合同中关键条款，如双方的权利与义务、违约责任与赔偿、合同变更与展期、争议解决方式等； • 项目公司设立的法律要件、公司章程的起草、董事会和监事会的设置与议事规则等（如有）
2	总经理办公室		• 听取项目情况及各部门的专业建议； • 对项目风险收益及可行性做出评判
3	战略与投资委员会		• 听取主张单位对项目的汇报； • 对项目风险收益及可行性做出评判
4	董事会		• 听取主张单位对项目的汇报； • 对项目风险收益及可行性做出评判

10.7 项目操作流程

10.7.1 项目入库

先入地方库，再统一纳入国家发展改革委PPP项目库。入库是享受政府投资、价格调整、发行债券及享受PPP专项政策的重要依据。纳入年度实施计划。已入库项目，纳入当年计划，方可推进实施。确定实施机构和政府出资人代表。参与项目准备及实施工作。

10.7.2 项目论证

PPP项目实施方案编制。项目实施机构编制项目实施方案。内容包括项目概况、运作方式、社会资本方遴选方案、投融资和财务方案、建设运营和移交方案、合同结构与主要内容、风险分担、保障与监管措施等。涉及向使用者收取费用，要取得价格主管部门出具的相关意见。

项目审批、核准或备案与实施方案的完善。政府投资项目的可行性研究报告应由具有相应项目审批职能的投资主管部门等审批。完善并确定PPP项目实施方案，其重要依据深化研究项目初步设计方案、细化工程技术方案和投资概算等内容。企业投资项目执行核准制或备案制，按有关目录执行。

10.7.3　PPP 项目实施方案的审查审批

由发展改革部门和有关行业主管部门牵头，会同项目涉及的财政、规划、国土、价格、公共资源交易管理、审计、法制等政府相关部门，对 PPP 项目实施方案进行联合评审。必要时可组成相关专家进行评议或委托第三方专业机构给出具体要求评估意见。

10.7.4　社会资本方的选择

（1）社会资本方遴选依法通过公开招标、邀请招标、两方招投标竞争性谈判等方式，公平择优选择具有相应投资能力、管理经验、专业水平、融资能力以及信用状况良好的社会资本方作为合作伙伴。拟由社会资本方自行承担工程项目勘察、设计、施工、监理以及工程建设有关的重要设备、材料等采购的，按照《招标投标法》的规定，通过招标投标方式选择社会资本方。

（2）PPP 项目合同确认谈判。项目实施机构根据需要组织项目谈判小组，必要时邀请第三方专业机构提供专业支持。率先达成一致的即为中选社会资本方。双方签署确认谈判备忘录，并公示合同文本及相关文件。

（3）PPP 项目合同签订。公示期间，项目实施机构对异议进行解释、澄清和回复等。公示期满无异议的，由项目实施机构会同当地投资主管部门将 PPP 项目合同报送当地政府审核，审核同意后，由项目实施机构与中选社会资本方正式签署 PPP 项目合同。

10.7.5　项目执行

1. 项目公司设立

社会资本方可依法设立项目公司，政府指定了出资代表的，项目公司可由政府出资代表与社会资本方共同成立。

2. 项目融资及建设

PPP 项目融资、工程建设成本、质量、进度等风险应由项目公司或社会资本方承担。政府对社会资本或项目公司履行融资及建设义务情况进行监督。

3. 运营绩效评价

项目实施机构应会同行业主管部门对项目合同约定，定期对运营服务绩效进行评价，结果作为项目公司或社会资本取得项目回报的依据。

4. 项目移交

按 PPP 项目合同约定期满移交的项目，政府与项目公司在合作期结束前一段时间（过渡期）共同组织移交工作组，启动移交准备工作。组织进行资产评估和性能测试，保证项目处于良好运营和维护状态，完成移交工作，并办理移交手续。

5. 项目后评价

项目移交完成后，地方政府有关部门可组织 PPP 项目后评价，对项目全生命周期的效率、效果、影响和可持续性等进行评价。评价结果应及时反馈给项目利益相关方，并按有关规定公开。

10.8 项目计划组织

10.8.1 编制项目推进工作计划书

（1）编制项目层面工作计划书。项目开发实际为多个子项目的集合，按照目前公司立项管理的要求，由公司审核并报批。此事涉及公司各部门、各部门之间互动最为频繁、交流最为深入、认知交流最为密集的阶段，需要彼此通力配合和协作。通过编制《项目前期工作计划及检查表》提示沟通、协调、执行。准备期的核心工作是项目工作计划编制，是后续各项决策和行动的重要依据（表 10-2）。

（2）编制公司层面工作计划书。项目工作计划书编制完成后，经项目负责人及公司分管领导签字后应定期报公司总部，并对计划完成情况进行汇总、跟踪考核（参见表 10-2）。

10.8.2 各子项目的前期手续

（1）园区（项目）开发实际为多个子项目的集合，按照目前开展立项管理的要求，每个子项目应按照投资计划等分期分批次安排、报批获批准。

（2）此事涉及政府部门众多、与各部门之间互动最为频繁、交流最为深入、认知交流最为密集的阶段，需要彼此通力配合和协作。通过编制《建设项目开发前期工作计划及检查表》提示沟通、协调、执行。

建设项目开发前期工作计划及检查表　　　　　　表 10-2

序号	事项	主管部门	工作内容摘要	起止时间	完成百分比	负责人	经办人
1	项目开展前期工作的函	政府发改部门	项目初步开展、尚未编制项目建议书和可研报告时，为便于开展前期工作出具				
2	项目开发选址建议书	政府规划部门	需提交《开展前期工作的函》（或项目建议书的批复）、《建设项目选址研究报告》等资料				
3	项目用地预审意见	政府国土部门	须提交《开展前期工作的函》（或项目建议的批复）、规划部门出具的《建设项目选址意见书》等资料				
4	关于×××项目建议书的批复	政府发改部门	须提交项目建议书				
5	建设项目规划设计条件通知书	政府规划部门	包括用地情况、用地使用性质、用地使用强度、建筑设计要求、城市设计要求、市政公共建筑或配套设施要求等				
6	环境影响评价的批复	政府环保部门	须提交环境影响评价登记表、报告表或报告书				
7	关于×××项目的立项批复	政府发改部门	在项目前期手续办理完成、提交项目可行性研究报告后，是项目正式立项的文件				
8	国有土地使用证	政府国土部门	完成前期立项审批手续之后，开展施工建设前，需获得的法律凭证之一，用以证明土地使用者使用国有土地的权利				
9	建设用地规划许可证	政府规划部门	确认项目位置和范围符合城乡规划要求的法律凭证				
10	规划设计方案（含初步设计、施工图设计等）审查	政府规划部门（一般由规划委员会完成）	对规划、设计方案进行论证和审查，确认方案可行				
11	建设工程规划许可证	政府规划部门	确认建筑工程符合城市规划要求的法律凭证				
12	建筑工程施工许可证	政府住房城乡建设部门	许可该建筑工程可进行施工的法律凭证				

10.9 工作汇报与总结

10.9.1 汇报工作的基本要求

1. 要全面

既要从宏观上汇报推进工作的基础做法、重要进展、存在的问题以及发展趋势，又要从微观上汇报工作开展中一些对整体效果有影响的细节。

2. 要客观

既要报喜——详细汇报工作所取得的成就和效果，又要报忧——客观汇报工作推进中存在的问题以及主客观原因，特别是对工作中人为失误要分清责任，力求具体。

3. 要准确

汇报工作用事实来说话，用数据来证明，切忌大而化之、模棱两可，说一些如"可能是""应该会""大概吧"等来描述或推测的话。

10.9.2 汇报工作的基本步骤与要求

汇报工作的基本步骤与要求 表 10-3

序号	步骤	要求
1	背景描述	• 概述上一阶段的工作背景、领导的安排、后续的执行、执行的结果等； • PPT 呈现一到两页即可，减少文字描述，尽量图形化处理，增强可视性
2	工作过程	• 简单介绍工作中遇到的问题以及解决的过程、采取的办法等； • PPT 呈现一到两页即可
3	成绩总结	• 汇报的重点：进行详细描述工作的结果； • PPT 呈现方面：模式图等要清晰勾画，关键环节要重点突出；测算数据、图表须将与决策相关的重点数据进行突出
4	下一步安排	• 对上一阶段工作简单小结； • 重点汇报下一步工作安排
5	需要领导支持解决的问题	• 将工作中遇到的悬而未决的问题与下一步计划安排需要领导支持和帮助的事情向领导提出

11 第11章
监督与考核

监督体系是保证组织战略、制度落地实施的有力工具。我国监督检查制度由来已久，自夏商到明清，经历了从萌芽到发展再到成熟和衰败的演变历程，并沿着经济监察这条主线，构成了以御史制度的经济监察为经，以上计、比部制度、户部审计制度以及内部财务稽核为纬的基本格局。企业审计监督制度逻辑来源于国家监察体系，但随着组织的发展和市场变化，又呈现出新的特征。健全的审计监察体系是确保各项工作沿着公司战略航向不偏航的"管理利器"。

绩效考核本质上是一种过程管理，而不是仅仅对结果的考核。它是将中长期的目标分解成年度、季度、月度指标，不断督促员工实现、完成的过程，有效的绩效考核能帮助公司达成目标。早在战国中期，秦国的商鞅就创立了著名的"军功授爵"制度。秦国将军功作为接受爵禄赏赐的必要条件，取消宗室贵族所享有的世袭特权，宗室贵族不能像过去那样仅凭血缘关系就可以获得高官厚禄和爵位封邑。秦国将军中爵位分为20级，按照在战场上获得的敌军首级的数量逐级晋升，凡立有军功者，不问出身门第、阶级和阶层，都可以享受爵禄。同时规定，爵位可以世袭，也即是说就算士兵战死，家人也可享受爵位所带来的利益。对军功的强烈渴望使秦军打败了所有的对手，实现了统一六国的壮举。如果把统一六国作为秦国的战略目标，那么秦国"军功授爵制度"就是推动目标实现的关键业绩考核手段。由此可见，好的绩效考核制度是实现组织目标的重要手段，没有好的绩效考核制度，即使战略制订得再好，也是难以实现的。

11.1   面临的挑战

园区开发项目涵盖范围广，子项目数量多，时间周期长，监督考核难度大。法律法规制度建设不完善，监督考核机制不明晰，各方无所适从。监管考核机构难以协调统一。在园区准备建设运营全生命周期内，发改、规划、财政、国土、交通、环保、人口、教育、文化、产业、招商等多个部门均有相关项目审批权或监督权、考核权，容易造成审批环节多，而园区开发项目综合性较强，往往举步维艰，难以顺利实施。

11.2   依靠多维监管与考核思维

英国系统工程专家 A.D. 霍尔提出三维结构理论，即时间维度、逻辑维度和知识维度组成三维空间结构，可以将复杂的系统问题结构化和简单化。针对园区特点，建立如图 11-1 所示多维空间结构。

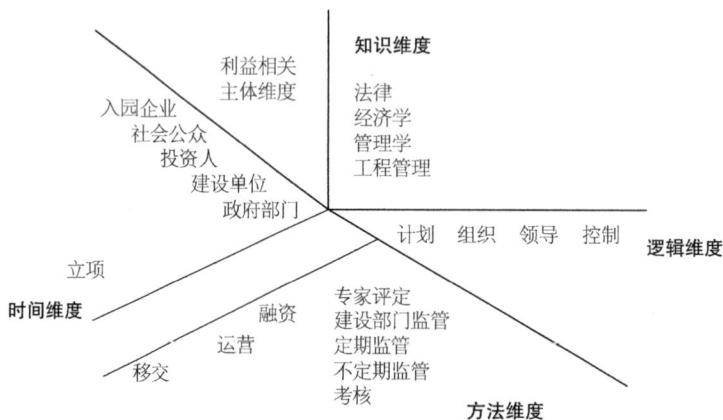

图 11-1   产业园区多维空间结构

11.3   监督管理机制设计原则

园区开发项目监管机构设计原则包括依法监管、监管机构独立、监管公正和监管专业等方面。具体内容如下：

（1）项目层面：监管重点在于各个项目参与方的责权利，通过监控项目从立项到实施过程中的质量、风险、履约等，保障项目顺利进行。

（2）产业层面：监管重点在于产业内涵、经济性指标和社会效益。政府通过追求产业发展和升级，同时抑制外部性环境资源保护目标和社会公平目标，兼顾二者平衡。

（3）社会层面：监管重点在于园区对于社会经济、人文、科技、教育、环保、生态、商业等方面的影响，既要保障经济效益，更要考虑区域内整体的社会效益，以公众意愿为本，促进发展趋势和结果。社会监管贯穿项目始终，甚至在项目移交之后也会通过项目后评价进行项目总结以及价格、环保、运营等方面的修正。

（4）提高监管效率。

11.4　工作计划完成情况监督

（1）组建综合性独立监管机构作为政府监管主体，从政府相关部门抽调人员组成。也可考虑引入专业的顾问人员，主要为法律、经济、工程管理、产业招商等方面专家，作为园区开发综合性独立监管机构常年顾问，或协助政府进行中期评估监管工作。

（2）制定完整可行的监管法规：

①园区所在的市、区政府可参照行业相关的政策法规，编制园区开发项目合同监管内容和各项核心边界条件。

②按照简政放权的工作思路，设立统一审批部门，适当简化操作流程，一部分由事前审批转为事中监管与事后审计等。

（3）按结果导向进行监管：

①设定目标。核心目标是产业快速发展，能够打造具有竞争力的产业集群；主要目标是实现人口城镇化。满足百姓安居乐业，园区配套设施完善。总体目标是区域整体绿色健康的持续发展，产业、环境、人文等协调统一。

②监管重点。在园区建设期和运营前期多采用收益率监管，达到吸引资金的目的；在园区运营成熟期，采用价格上限，并在整个园区运营生命周期内引入超额收益分享机制，提高开发效率。

（4）创新监管手段：

以探索质与量的评估机制为主线，利用互联网技术，设立政府电子政务平台;及时采集数据,建立园区开发项目投资强度、开发进度、服务水平、质量评估基础数据库;根据社会资本投入成本变化、用户反馈、经济增长、人口聚焦等数据,确定服务价格机制和调整机制。

11.5　审计

（1）审计概念与目的

《审计法》规定,所称审计是指审计机关依法独立检查被审计单位的会计凭证、会计账簿、财务会计报告以及其他与财政收支、财务收支有关的资料和资产,监督财政收支、财务收支真实、合法和效益的行为。

（2）政府审计机关将项目决策权力的运作,作为审计的重点目标之一,实现廉政建设的目标。

社会资本审计部门将依法合作,确保实现合规经营的目标。

（3）理清政企交往界限,建立正常的交往关系,坚守底线。

（4）严格遵守法律规定,规避合同效力不足发生。

①重视政府采购程序,避免因程序违法导致合同无效。严守《招标投标法》及其实施条例以及《政府采购法》等上位法规规定的相应程序,排除一切可能导致的无效客观行为或主观过错。

②严格执行《合同法》,严审合同内容,避免因约定无效导致的合同效力瑕疵。

③重视风险条款设计,加强合约谈判管理。

④细化施工管理流程,严格控制建设成本,重视工程变更索赔确认工作。

⑤以法律合同为依据,规避第三方审计结论进行结算。

11.6　健全考核体系

11.6.1　考核原则

（1）指标必须是具体的。政府和项目公司能够准确理解每个技术确切的含义和计算方法。

（2）指标必须是可以衡量的,是项目公司通过努力可以完成的。

（3）指标必须是实际性和现实性的。现有统计核算能提供数据。

（4）指标必须是有指向性的，考核体系必须是具有动态适应性的。

11.6.2　建立考核指标体系

（1）规划咨询服务，一般不做考核；

（2）土地整理和拆迁，不做考核重点内容；

（3）基础设施和公共设施的建设，主要从年度建设项目的完成率、年度建设投资额方面进行考核，同时也可以考虑工程的施工质量、安全、环境保护、工程招标流程的规范性等方面进行考核。

（4）基础设施和公共设施的运营，结合各行业运营标准制定考核指标，对各个重点单项项目进行单独考核。

（5）产业招商，是园区开发项目考核的重点，其成功与否主要在于项目公司能否按质按量地引入产业企业、产业企业是否具有研发能力、产业的发展是否能带动园区常住人口的增加等方面。总之，对产业招商服务的考核，主要突出产业发展、科技创新、区域带动等方面。

11.6.3　考核频次

每年进行考核；第三到第五年或更长时期的阶段考核；采用年度考核与阶段性考核相结合的方式。

11.6.4　建立评分机制

不同的考核指标赋予不同的基准及权重，最后得出综合得分（表 11-1）。

评分规则　　　　　　　　　　　　　　　　表 11-1

序号	档次	得分	政府付费
1	第一档	>90 分	全额支付
2	第二档	80 ~ 90 分	扣除一定比例或一定数额
3	第三档	70 ~ 80 分	扣除比例依次提高
4	第四档	60 ~ 70 分	扣除比例依次提高
5	第五档	<60 分	不予支付、追索违约责任

11.6.5　建立考核体系的调整机制

园区开发考核办法是按照预测较早编制的，一两年后可能情况已经发生变化，或有些情况当时并没有考虑到。因此，考核前需作些调整，或针对特殊情况提出处理意见。

11.6.6　设立考核机构

项目实施主体设立专门的考核机构（小组），设立专门的考核岗位，安排具体人，或聘请第三方咨询机构负责。

项目实施主体、行政管理部门及财政部门应联合建立考核工作流程。

11.6.7　案例：PPP项目绩效考核

PPP项目涉及交通运输、水利、农业、能源、医疗、养老等各行业，全覆盖公共服务类项目。PPP绩效考核指标的选定依据行业的不同，会有不同的选定。PPP包括三种回报机制，PPP相应绩效考核指标也会根据不同的回报机制各有侧重，同一行业项目，由于回报机制不同，考核指标也会不同。选定考核指标原则如下：

（1）绩效考核指标应覆盖PPP项目全生命周期；

（2）依据行业和回报机制等选定绩效考核指标；

（3）选定的绩效考核指标应包含PPP项目所涉及的所有服务范围；

（4）绩效考核指标的选定应尽可能量化；

（5）绩效考核指标的选定应具备实操性；

（6）绩效考核指标的选定可分级设置指标。

1. 建设期绩效考核指标的选定

建设期绩效考核的结果作为运营期可用性付费（政府付费、可行性缺口补助）计算的核心数据。所以，政府支出的多与寡与建设期绩效考核息息相关。选定建设期绩效考核指标原则如下：

（1）主要依据国家、地方、行业、技术等规范和标准，辅以政府方要求；

（2）主要选取一级指标进行考核，分别为质量、工期、环境保护、安全生产。

2. 运营绩效考核指标的选定

运营期的绩效考核结果主要反映社会资本（项目公司）收入的多寡，运营绩效考核结果不但与运营绩效付费直接挂钩，且根据92号文规定，可用性付费也应和运营绩效考核结果进行挂钩，且占比不低于30%。运营期绩效考核指标选定原则如下：

（1）主要依据国家、地方、行业、技术方面的规范、标准等，还可依据可行性研究报告和政府方要求；

（2）可参考同类项目运营期绩效考核指标，根据本项目特点综合选定；

（3）若无相应规范和标准，也没有同类项目可供参考，可以通过两阶段招标（一阶段可让潜在社会资本方提供相应指标和相应考核细则）、竞争性磋商等方式获得。

3. 移交阶段绩效考核指标的选定

在项目移交阶段，为确保移交的资产处于正常可运转状况，保障政府回收项目时的遗留风险降到最低，减少政府移交后的运营负担，现因 PPP 项目没有项目处于移交阶段，依据以前特许经营项目的经验，常见的移交阶段有三种方法可选取：第一种为设定指标法，设定针对具体项目资产的完好性指标，并配合性能测试验证；第二种为参照运维绩效考核法，将移交前 3 年或者前 5 年运营期绩效考核结果作为能否完成移交验收的依据；第三种为专家评估法，移交前 1 年由政府方和社会资本（项目公司）共同组建 PPP 项目移交小组，移交小组组织相关专家对该 PPP 项目进行全面评估，并根据专家确定的移交绩效标准进行考核。

实施方案中可选定一级考核指标进行移交阶段的考核，确保政府在资产移交后能得到运营状态良好的公共服务资产。

4. 考核指标选定后注意事项

（1）因在合同谈判环节，本项目并没有建设以及运营，随着后期的深入运营，可能对之前设定的考核指标进行改进；

（2）由于政策、法律、行业变化等不可抗力的事件的发生，会导致绩效考核指标发生变化；

（3）项目产出可能会随时间的推移以及社会经济发展和人民生活水平的日益提高，以前的绩效考核标准不再满足要求，会导致绩效考核指标随着受益者需求的变化而变化；

（4）来年 4 月底之前要公示考核结果，接受大众监督。

12

第 12 章
风险管理

　　企业把大多数精力放在如何发展方面，也就是战略分析、战略选择和战略执行方面，这是非常必要的。但同时企业也不能忽视发展中的风险，一些企业就是由于忽视了风险管理和内部控制，导致企业受到重大损失以致倒闭。比如中航油新加坡分公司事件和巴林银行事件就是典型的案例。因此，本章专门对企业法律风险管理进行阐述。

12.1 风险识别

12.1.1 法律、政策环境风险

（1）立法层次低，法律权威性不足。目前，已出台的园区开发 PPP 项目相关规定文件多为意见、通知等形式，权威性低于法律，不利于后续争议的公正、规范处理。

（2）无完整的法律体系。无系统的管理制度，法律政策规定分散、片面，各自为政，反而容易导致分歧和争议。

（3）规定过于笼统，原则性过强，实际操作指导性不强。对项目的规划和立项、主管部门审批程序和职权范围、风险管理和承担、特许经营协议和合同管理、项目执行的监督和审计等问题没有细致规定。

（4）不同部委文件存在冲突，如项目实施机构的范围、项目合法性审批手续的种类、政府采购的方式等，给 PPP 项目的实践带来很大困惑。

（5）政策的连贯性差。项目合作期限后，期间政府领导换届、经济形势变化等都可能导致政策改变，政策的变更对项目经济效益和投资安全都可能产生严重影响，导致双方合作不稳定。

12.1.2 政府信用风险

政府信用是 PPP 项目成败的关键。政府需要同时扮演公共事务管理者、公共服务购买者两种角色。

普通的市场主体之间可以通过合同对双方行为进行约束，违反合约可以诉诸法律。然而政府不是一般的市场主体，有些用来调节一般市场更为深入的法律条款并不适用于政府。

由于政府两种角色混同，地方政府不尊重合同、不履行合同义务的现象时有发生。比如，不按约支付政府付费和财政补贴、破坏项目的唯一性、项目相关的配套基础设施没有按约到位等，都会极易导致项目失败，对社会资本造成极大伤害。

政府有权出台一些行政法规来规范市场经济，且政府换届导致的政策、目标、方向的变更时有发生。此外，社会资本在地方政府违约时的有效救济途径较少。

12.1.3 融资风险

目前，PPP 项目落地难的一个重要原因是融资难。项目投资期限长，融资成本相对较高，投资收益充满不确定性。还有项目投资金额大，往往需要筹措项目资本金，难度大增。不仅需要向财务投资人让渡一部分投资收益，还需要改变交易模式和合同架构，有时甚至要让渡一部分项目公司管理控制权，使得项目公司治理结构和管理方式变得更为复杂。

为促进 PPP 项目模式的推广，国务院曾发文（国发〔2014〕60 号）要求创新金融服务，提倡以项目自身未来资产和现金流为基础的项目融资方式，但国内银行金融机构转变尚待时日。

12.1.4 运营风险

园区开发 PPP 项目周期往往在 20 ～ 30 年左右，在实际经营过程中，经营状况、公共产品服务将受多种因素影响。例如，宏观经济、社会环境、人口变化、法律法规调整等导致市场需求变化；面临运营成本上行需要提高收费价格时，由于民众反对或政府出于维稳的目的不予调整，而政府无法按约定给予补偿；市场利率变动的不确定性；物价上升和货币购买力下降；政府或社会团体对项目的环保要求提高等，这些都会造成项目盈利能力达不到预期水平，影响社会资本的收益。

12.1.5 退出风险

如果社会资本想在项目运营期提前退出，理论上虽然可行，但在实践中存在公开上市门槛过高难以达到要求；股权转让方难找；且转让或接手的第三方均需政府同意，增加不确定性风险；还有转让手续繁锁等诸多风险。

12.2 风险分析

要对项目进行有效的风险监控，首先应进行风险分析。风险因素分析是确定一个项目的风险范围，即有哪些风险存在，将这些风险因素逐一列出，以作为全面风险管理的对象。在不同的阶段，由于目标设计、项目的技术设计和计划、环境调查的深度不同，对风险的认识程度也不相同，经历一个由浅入深逐步细化的过程。但不管哪个阶段首先都要把对项目的目标系统（总目标、子目标及操作目标）有影响的各种风险因素罗列出来，作项目风险目录表，再采用系统方法进行分析。

12.2.1 按项目系统要素进行分析

1. 项目环境要素风险

法律风险。如法律不健全，有法不依、执法不严，相关法律的内容的变化，法律对项目的干预；可能对相关法律未能全面、正确理解，工程中可能有触犯法律的行为等。

经济风险。银根紧缩；项目的工程承包市场、材料供应市场、劳动力市场的变动，工资的提高，物价上涨，通货膨胀速度加快等。

自然条件。如暴雨、特殊的未预测到的地质条件，如淤泥、河塘、泉眼等，反常的恶劣的雨雪天气、冰冻天气，恶劣的现场条件，周边存在对项目的干扰源，工程项目的建设可能造成对自然环境的破坏，不良的运输条件可能造成供应的中断等。

社会风险。包括社会治安的稳定性、劳动者的文化素质、社会风气等。

2. 项目系统结构风险

以项目结构图上项目单元作为分析对象，即各个层次的项目单元，直到工作包在实施以及运行过程中可能遇到的技术问题，人工、材料、机械、费用消耗的增加，在实施过程中可能的各种障碍、异常情况。

3. 项目的行为主体产生的风险

业主和投资者。例如：业主的支付能力差，或改变投资方向，改变项目目标；业主违约、苛求、刁难、随便改变主意，但又不赔偿，错误的行为和指令，非程序地干预工程；业主不能完成其合同责任，如不及时供应负责的设备、材料，不及时交付场地，不及时支付工程款等。

施工承包人（施工分包、材料供应）。例如：技术能力和管理能力不足，没有适合的技术专家和项目经理，不能积极地履行合同，由于管理和技术方面的失误，造成工程中断；没有得力的措施来保证进度、安全和质量要求；财务状况恶化，无力采购和支付工资；错误理解业主意图和招标文件，方案错误，报价失误，计划失误；设计承包商设计错误，工程技术系统之间不协调，设计文件不完备，不能及时交付图纸，或无力完成设计工作等。

项目管理和监理人员。例如：项目管理或监理人员的管理能力、组织能力、工作热情和积极性、职业道德、公正性差；管理风格、文化偏见，可能会导致不正确地执行合同，在工程中苛刻要求；在工程中起草错误的招标文件、合同条件，下达错误的指令等。

其他方面。例如政府职能部门的干预、苛求和个人需求；项目周边或涉及的居民或单位的干预、抗议或苛刻的要求等。

12.2.2 按风险对目标的影响分析

按照项目的目标系统结构进行分析，是风险作用的结果。

（1）工期风险。即造成局部的（工程活动、分项工程）或整个工程的工期延长，不能及时投产。

（2）费用风险。包括财务风险、成本超支、投资追加、报价风险、收入减少、投资回收期延长或无法收回、回报率降低。

（3）质量风险。包括材料、工艺、工程不能通过验收、工程试生产不合格、经过评价工程质量未达标准。人身伤亡，工程或设备的损坏。

（4）法律责任。即可能被起诉或承担相应法律的或合同的处罚。

12.2.3 按管理的过程和要素分析

（1）环境调查和预测的风险。

（2）决策风险，如错误的选择、投标决策、报价等。

（3）项目策划风险。

（4）技术设计风险。

（5）计划风险。包括对目标（任务书，合同招标文件）理解错误，合同条款不准确、不严密、错误、二义性，过于苛刻的单方面约束性的、不完备的条款，方案错误、报价（预算）错误、施工组织措施错误。

（6）实施控制中的风险。

12.3 风险评价及分配

12.3.1 风险评价

风险评价是对风险的规律性进行研究和量化分析。由于罗列出来的每一个风险都有自身的规律和特点、影响范围和影响量。通过分析可以将它们的影响统一成成本目标的形式，按货币单位来度量，对罗列出来的每一个风险必须作如下分析和评价：

（1）风险存在和发生的时间分析。即风险可能在项目的哪个阶段、哪个环节上发生。有许多风险有明显的阶段性，有的风险是直接与具体的工程活动（工作包）相联系的。这个分析对风险的预警有很大的作用。

（2）风险的影响和损失分析。风险的影响是个非常复杂的问题，有的风险影响面较小，有的风险影响面很大，可能引起整个工程的中断或报废。而风险之间常常是有联系的。经济形势的恶化不但会造成物价上涨，而且可能会引起业主支付能力的变化；通货膨胀引起了物价上涨，则不仅会影响后期的采购、人工工资及各种费用支出，而且会影响整个后期的工程费用。由于设计图纸提供不及时，不仅会造成工期拖延，而且会造成费用提高（如人工和设备闲置、管理费开支），还可能在原来本可以避开的冬雨季施工，造成更大的拖延和费用增加。

12.3.2　风险分配

1.风险分配原则

1）最优风险分配原则

在受制于法律约束和公共利益考虑的前提下，对政府而言风险应分配给能够以最小成本、最有效管理产品的一方承担，并且给予风险承担方选择如何处理和最小化该等风险的权利。

2）风险收益对等原则

既关注社会资本对于风险管理成本和风险损失的承担，又尊重其获得与承担风险相匹配的收益水平的权利。

3）风险可控原则

应按项目参与方的财务实力、技术能力、管理能力等因素设定风险损失承担上限，不能由任何一主单独承担超过其承受能力的风险，以保证双方合作关系的长期持续稳定。

2.风险分配的框架

（1）政策、法律变更等风险主要由政府方承担。

（2）设计、融资和建设、运营维护等商业风险主要由项目公司承担，其中因利率变化导致的风险由政府方与项目公司共同承担。

（3）不可抗力风险、园区和产业发展不及预期的风险等双方都无法独立控制的重大风险，由政府方和项目公司合理共担。

12.4 风险控制方法

1. 技术措施

如选择有弹性的、抗风险能力强的技术方案，而不用新的未经过工程使用的、不成熟的施工方案；对地理、地质情况进行详细勘察或鉴定，预先进行技术试验、模拟，准备多套备选方案，采用各种保护措施和安全保障措施。

2. 组织措施

选派得力的技术和管理人员，特别是项目经理；将风险责任落实到各个组织单元，使大家有风险意识；在资金、材料、设备、人力上予以保证；在实施过程中严密地控制，加强计划工作，并抓紧阶段控制和中间决策工作。

3. 购买保险

对一些无法排除的风险，例如常见的工作损坏、第三方责任、人身伤亡、机械设备的损坏等可以通过购买保险的办法解决，但要注意保险范围、赔偿条件、理赔程序、赔偿额度等。

4. 提供担保

例如由银行出具投标保函、预付款保函、履约保函等。

5. 风险准备金

风险准备金是从财务的角度为风险做准备。在计划（或合同报价）中额外增加一笔费用。例如在投标报价中，要求承包商经常根据工程技术、业主的资信、自然环境、合同等方面的风险的大小以及发生可能性（概率）在报价中考虑不可预见风险费，并以此来承担其可能遇到的工程风险。

6. 通过合同分配风险

通过合同排除（推卸）风险是最重要的手段。合同规定风险分担的责任及谁对风险负责。例如在承包合同中要明确规定：业主的风险责任即哪些情况应由业主负责；承包商的索赔权利，即要求调整工期和价格的权利；工程付款方式、付款期，以及对业主不付款的处置权利；对业主违约行为的处理权利；承包商权利的保护性条款；采用符合惯例的通用的合同条件；注意仲裁地点和适用法律的选择。

12.5 风险防范措施

项目实施中的风险控制的应对措施主要贯穿在项目的进度控制、成本控制、质量控制、合同控制等过程中。

12.5.1 监控和预警

建立风险监控和预警系统，及早地发现项目风险并及早地做出防范反映。在工程中不断地收集和分析各种信息，捕捉风险前奏的信号，例如在工程中要通过天气预测警报、各种市场行情及价格动态等情况，对工程项目工期和进度的跟踪、成本的跟踪分析，并通过合同监督、各种质量监控报告、现场情况报告等手段来了解工程风险。在阶段性计划的调整过程中，需加强对近期风险的预测并纳入近期计划中，同时考虑到计划的调整和修改可能带来的新的问题和风险。

12.5.2 风险回避

风险回避是以一定的方式中断风险源，使其不发生或不再发展，从而避免可能产生的潜在损失。采用风险回避对策时需要注意如下几点：回避一种风险可能产生另一种新的风险，回避风险的同时也失去了从风险中获益的可能性，回避风险可能不实际或不可能，不可能回避所有的风险。在风险状态下，视具体情况采用不同的方法进行风险回避。

（1）迅速恢复生产，按原计划执行。

（2）及时修改方案、调整作业计划，恢复正常的施工。

（3）争取获得风险的赔偿。

12.5.3 损失控制

制定损失控制方案并积极采取措施控制风险造成的损失，即损失控制。采用损失控制对策时需要注意如下几点：

（1）制定损失控制措施必须以定量风险评价的结果为依据，还必须考虑其付出的代价。

（2）制定预防计划必须内容全面、措施具体。

①组织措施：明确各部门和人员在损失控制方面的职责分工，以使各方人员都能为实施预防计划而有效地配合；还需要建立相应的工作制度和会议制度；必要时，还应对有关人员进行安全培训。

②管理措施：采取风险分隔措施，将不同的风险单位分离间隔开来，将风险局限在尽可能小的范围内，以避免在某一风险发生时，产生连锁反应或互相牵连，如在施工现场将易发生火灾的木工加工场尽可能设在远离办公用房的位置。也可采取风险分散措施，通过增加风险单位以减轻总体风险的压力，达到共同分摊总体风险的目的。

③合同措施：注意合同具体条款的严明性，并做出与特定风险相应的规定，如要求承包商提供履约保证和预付款保证。

④技术措施：在建设工程施工过程中常用的预防损失措施，有地基加固、周围建筑物防护、材料检测等。

（3）制定灾难计划应具有针对性，其内容应满足如下要求：安全撤离现场人员，援救及处理伤亡人员，控制事故的进一步发展，最大限度地减少资产和环境损害，保证受影响区域的安全尽快恢复正常。

（4）制定应急计划时应重点考虑因严重风险事故而中断的工程实施过程尽快全面恢复，并使其影响程度减至最小，其内容应包括：调整整个建设工程的施工进度计划，并要求各承包商相应调整各自的施工进度计划；调整材料、设备的采购计划，并及时与材料、设备供应商联系，必要时，可能要签订补充协议；准备保险索赔依据，确定保险索赔的额度，起草保险索赔报告；全面审查可使用的资金情况，必要时需调整筹资计划等。

12.5.4　风险转移

风险转移就是建设工程的风险应由有关各方分担，而风险分担的原则是：任何一种风险都应由最适宜承担该风险或最有能力进行损失控制的一方承担。例如，项目决策风险应由业主承担，设计风险应由设计方承担，而施工技术风险应由承包商承担。

（1）非保险转移。即在签订合同过程中将工程风险转移给非保险人的对方当事人。建设工程风险非保险转移有三种：业主将合同责任和风险转移给对方当事人，承包商进行合同转让或工程分包，第三方担保。

（2）保险转移。对于建设工程风险来说，保险转移是通过购买工程保险，建设工程业主或承包商作为投保人将本应由自己承担的工程风险（包括第三方责任）转移给保险公司，从而使自己免受风险损失。在作出进行工程保险时，必须考虑与保险有关的几个具体问题：一是保险的安排方式，即究竟是由承包商安排保险计划还是由业主安排保险计划；二是选择保险类别和保险人，一般是通过多家比选后确定，也可委托保险经纪人或保险咨询公司代为选择；三是要进行保险合同谈判，免赔额的数额比例要由投保人自己确定。

12.5.5　加强风险意识的教育

工程项目的环境变化、项目的实施有一定的规律性，所以风险的发生和影响也具有一定的规律性，是可以预测的。重要的是要在项目实施过程中，各参与者要有风险意识，重视风险的存在，从建设、设计、监理和施工等几方面对风险进行全面的控制。

参考文献

[1] 曾肇河 . 房地产开发项目的财务评价方法 [J]. 国际经济合作, 1993（2）: 52-55.

[2] 曾肇河 . 建筑业企业价值链管理探索（上）[J]. 建筑经济, 2004（6）: 21-23.

[3] 曾肇河 . 国有建筑企业如何切实提高企业执行力 [J]. 建筑, 2004（10）: 44-48.

[4] 曾肇河 . 变革时代建筑战略管理对策 [J]. 建筑经济, 2006（5）: 68-71.

[5] 曾肇河 . 公司投资与融资管理 [M]. 北京: 中国建筑工业出版社, 2006.

[6] 曾肇河 . 探寻开创建筑公司的蓝海战略 [J]. 建筑, 2006（23）: 43-46.

[7] 曾肇河 . 建筑公司内部控制 [M]. 北京: 中国建筑工业出版社, 2006.

[8] 曾肇河 . 房地产公司战略管理 [M]. 北京: 中国建筑工业出版社, 2007.

[9] 刘瑾, 曾肇河 . 儒法财道 [J]. 新理财, 2012（7）: 22-24.

[10] 曾肇河 . 现金抉择 [M]. 北京: 中信出版社, 2012.

[11] 曾肇河 . 现金流量比利润更重要 [J]. 建筑, 2013（22）: 7-9.

[12] 曾肇河 . 建筑公司战略管理（第二版）[M]. 北京: 中国建筑工业出版社, 2012.

[13] 曾肇河, 夏小敬, 肖毅 . 互联网＋公司管理实践与探索 [M]. 北京: 中国建筑工业出版社, 2016.

[14] 曾肇河, 赵永辉 . 产业新城发展模式及经营管理 [M]. 北京: 中国建筑工业出版社, 2016.

[15] 曾肇河, 夏小敬, 赵永辉, 肖毅 . 管理大智慧 [M]. 北京: 中国建筑工业出版社, 2019.

[16] 鲁贵卿 . 工程项目成本管理实论——项目成本管控的方圆之道 [M]. 北京: 中国建筑工业出版社, 2015.

[17] 鲁贵卿 . 工程建设企业管理信息化实用案例精选 [M]. 北京: 中国建筑工业出版社, 2019.

[18] 鲁贵卿 . 论建筑工程经济管理的方圆之道 [J]. 科技进步与对策, 2013, 30（23）: 25-29.

[19] 鲁贵卿 . 建筑工程企业科学管理实论 [M]. 长沙: 湖南大学出版社, 2013.

[20] 鲁贵卿 . 管理中的"责权利"平衡之道 [J]. 施工企业管理, 2016（3）: 81-83.

[21] 鲁贵卿 . 文化涅槃, 无为而治——中建五局化蛹成蝶的企业革命 [J]. 建筑, 2009（12）: 20-23.

[22] 黄奇帆 . 政府如何平衡公租房的建设资金 [J]. 求是, 2011（24）: 37-38.

[23] 黄奇帆 . 内陆地区扩大开放的战略选择: 一个直辖市例证 [J]. 改革, 2014（2）: 7-13.

[24] 黄奇帆 . 地票制度实验与效果 [J]. 村委主任, 2015（21）: 5-7.

[25] 黄奇帆 . 重庆市统筹城乡发展的探索与实践 [J]. 农村工作通讯, 2010（12）: 8-11.

[26] 黄奇帆 . 农地交易的重庆实验 [J]. 瞭望, 2010（45）: 52-53.

[27] 黄奇帆 . 关于建立房地产基础性制度和长效机制的若干思考 [J]. 全球商业经典,

2018（5）：14-15.

[28] 黄奇帆. 创新农地管理 统筹城乡用地 [J]. 重庆国土房产，2008（6）：5-6.

[29] 黄奇帆. 推进新型城镇化的思考与实践 [J]. 今日重庆，2014，8（8）：4-10.

[30] 任宏，祝连波. 施工企业成本管理现状分析及对策研究 [J]. 建筑经济，2005（12）：68-70.

[31] 任宏，向瑞丰. PPP 项目中公众参与的博弈分析 [J]. 中国房地产，2017，575（18）：32-38.

[32] Huo T，Ren H，Cai W，et al. Measurement and Dependence Analysis of Cost Overruns in Megatransport Infrastructure Projects：Case Study in Hong Kong[J]. *Journal of Construction Engineering and Management*，2018，144（3）：23-35.

[33] 任宏，毛芳芳. 我国城市化进程定量评价及影响因素分析 [J]. 世界科技研究与发展，2014（1）：31-36.

[34] 任宏，张埔炽. 公共项目征地拆迁中存在的问题及对策研究 [J]. 工程管理学报，2014（1）：31-35.

[35] 任宏，卢媛媛，蔡伟光，等. 我国建筑领域碳排放权交易框架研究 [J]. 城市发展研究，2013，20（8）：70-76.

[36] 秦玉秀. PPP 全流程运作实务 [M]. 北京：中国法制出版社，2015.

[37] 秦玉秀. 浅谈施工合同交底 [J]. 建筑经济，2005（9）：80-83.

[38] 王守清. PPP 模式应对与挑战 [J]. 新理财 - 公司理财，2017（1）：54.

[39] 王守清，刘婷. PPP 项目实施中的职业伦理要求研究 [J]. 建筑经济，2016（8）：37-41.

[40] 刘婷，赵桐，王守清. 基于案例的我国 PPP 项目再谈判情况研究 [J]. 建筑研究，2016（9）：31-34.

[41] 柯永建，王守清，陈炳泉. 英法海峡隧道的失败对 PPP 项目风险分担的启示 [J]. 土木工程学报，2008（41）：97-102.

[42] 王善才. PPP 模式退出机制多样性研究 [J]. 财政监督，2017（14）：90-94.

[43] 周月萍，叶华军，樊晓丽. 因政府方原因提前终止 PPP 项目的风控策略 [J]. 中国建筑装饰装修，2018（4）98-99.

[44] 沈军. 市政工程 PPP 项目社会资本退出机制研究 [J]. 产业与科技论坛，2017（16）：232-233.

[45] 梁良. PPP 产业基金退出机制法律问题研究 [J]. 产业与科技论坛，2017（16）：32-34.

[46] 黄华珍. PPP 项目资产证券化退出机制的法律分析 [J]. 招标采购管理，2015（11）：41-42.

[47] 吴宽. PPP 模式下社会资本退出机制浅议 [J]. 中国经贸，2016（24）：110-111.

[48] 李国强. 浅析 PPP 融资模式及退出机制——基于公共基础设施建设领域的研究 [J]. 经营管理者，2017（24）：54-62.

[49] 张维迎，周黎安，顾全林. 经济转型中的企业退出机制——关于北京市中关村科技园区的一项经验研究 [J]. 经济研究，2003（10）：3-14.

[50] 王守清. 项目融资的一种方式——BOT[J]. 项目管理技术, 2003 (4): 46-48.

[51] 刘新平, 王守清. 试论 PPP 项目的风险分配原则和框架 [J]. 建筑经济, 2006 (2): 59-63.

[52] K.C.Lam. Modellingrisk allocation decision in construction contracts[J]. *International Journal of Project Management*, 2007, 7 (25): 485-493.

[53] 冯柳江, 罗知颂. 来宾模式——BOT 投资方式在中国的实践 [M]. 桂林: 广西人民出版社, 1999.

[54] 财政部 PPP 中心. 全国 PPP 综合信息平台项目管理库 各省 (区、市) 2017 年报 [EB/OL]. [2018-02]. http://www.cpppc.org/zh/pppjb/6389.jhtml.

[55] 刘婷, 赵桐, 王守清. 基于案例的我国 PPP 项目再谈判情况研究 [J]. 建筑研究, 2016 (9): 31-34.

[56] 柯永建, 王守清, 陈炳泉. 英法海峡隧道的失败对 PPP 项目风险分担的启示 [J]. 土木工程学报, 2008 (41): 97-102.

[57] 王善才. PPP 模式退出机制多样性研究 [J]. 财政监督, 2017 (14): 90-94.

[58] 周月萍, 叶华军, 樊晓丽. 因政府方原因提前终止 PPP 项目的风控策略 [J]. 中国建筑装饰装修, 2018 (4): 98-99.

[59] 沈军. 市政工程 PPP 项目社会资本退出机制研究 [J]. 产业与科技论坛, 2017 (16): 232-233.

[60] 梁良. PPP 产业基金退出机制法律问题研究 [J]. 产业与科技论坛, 2017 (16): 32-34.

[61] 黄华珍. PPP 项目资产证券化退出机制的法律分析 [J]. 招标采购管理, 2015 (11): 41-42.

[62] 刘建军. 从领导者到领导群: 领导理论在 21 世纪的变革 [J]. 领导科学, 2002 (4): 34-35.

[63] 任旭林, 彭天宇. 共享领导研究述评与展望 [J]. 领导科学, 2009 (23): 19-21.

[64] 王泼, 杨从杰. 学习型组织中的领导力 [J]. 企业改革与管理, 2006 (9): 23-24.

[65] 任泽平, 夏磊, 熊柴. 房地产周期 [M]. 北京: 人民出版社, 2017.

[66] 任泽平. 大势研判: 经济、政策与资本市场 [M]. 北京: 中信出版社, 2016.

[67] 任泽平, 甘源. 新周期: 中国宏观经济分析框架 [M]. 北京: 中信出版社, 2018.

[68] 王雪青, 喻刚, 邴兴国. PPP 项目融资模式风险分担研究 [J]. 软科学, 2007 (6): 43-46.

[69] 何寿奎, 傅鸿源. 基于风险分摊的 PPP 项目投资决策与收益分配研究 [J]. 建筑经济, 2006 (10): 9-12.

[70] 欧阳峰, 曾靖. 投资者保护、PPP 模式选择和 PPP 项目融资额的关系研究 [J]. 当代经济, 2015 (34): 57-63.

[71] 徐刃. 基于 Copula—VaR 的 PPP 项目融资风险评估方法研究 [J]. 安装, 2018 (1): 21-23.

[72] 张继峰. PPP 项目融资中的未来应收账款质押法律问题研究 [J]. 宏观经济研究, 2018 (9): 43-49.

[73] 张献彤，卫强. PPP项目融资阶段会计核算与税务处理探讨 [J]. 市场论坛，2019（5）: 62-64.

[74] 王莲乔，马汉阳，孙大鑫. PPP项目财务风险：融资结构和宏观环境的联合调节效应 [J]. 系统管理学报，2018，27（1）: 83-92.

[75] 高华，孙琳镐. PPP项目投资风险等级评价研究 [J]. 建筑经济，2019（7）: 21-27.

[76] 黄冰. 我国PPP项目审计研究 [D]. 浙江工商大学，2018.

[77] 盛和太，王守清，黄硕. PPP项目公司的股权结构及其在某养老项目中的应用 [J]. 工程管理学报，2011，25（4）: 388-392.

[78] 喻天舒，游伊博，苏日娜. 基于PPP模式的基础设施项目治理风险实证分析 [J]. 中国房地产，2019（9）: 44-56.

[79] 孙玉栋，孟凡达. PPP项目管理、地方政府债务风险及化解 [J]. 现代管理科学，2017（5）: 24-26.

[80] 邢钢. PPP项目合同中的便利终止条款研究 [J]. 法学杂志，2018（1）: 77-85.

[81] 杨中宣，杨洋洋. 基础设施PPP项目绩效评价研究综述 [J]. 科技创新与应用，2017（19）: 142-143.

[82] 薛朝改，周金库. PPP项目绩效的系统动力学建模与分析——以某高速公路为例 [J]. 财会月刊，2019（8）: 171-176.

[83] 徐享，李俊奇，冯珂等. 海绵城市PPP项目绩效考核体系的优化与提升 [J]. 环境工程，2019（7）: 1-7.

[84] 沈翔，韩光耀. 政府方PPP项目合同管理体系运行模式探讨 [J]. 中国工程咨询，2017（11）: 41-42.

[85] 袁晓莉. 我国PPP项目资产证券化法律问题研究 [D]. 西南政法大学，2017.

[86] 汤薇，吴海龙. 基于政府角度的PPP项目融资效益研究—以BOT与BOO模式为例 [J]. 科研管理，2014（1）: 159-164.

[87] 程哲，王守清. 非营利性医院PPP项目融资的框架结构设计 [J]. 中国卫生事业管理，2011（7）: 83-85.

[88] 王舒. 基础设施PPP项目融资风险分担研究 [D]. 重庆交通大学，2012.

[89] 马若微，王桂晨. PPP项目运营期补贴区间量化研究 [J]. 中央财经大学学报，2019（8）: 20-30.

[90] 高若兰，鲍琴. 基于演化博弈的PPP项目运营期政府监管方式选择研究 [J]. 运筹与管理，2019（4）: 155-162.

[91] 王善才. PPP模式退出机制多样性研究 [J]. 财政监督，2017（14）: 90-94.

[92] 孙慧，刘思，王宇宁. 社会资本退出PPP项目财务可行性及退出时间选择研究 [J]. 天津大学学报（社会科学版），2018，105（3）: 22-28.

[93] 杨震. 政府付费类PPP项目投资回报财务模型的对比研究 [J]. 工程经济，2017（2）: 40-42.

[94] 宋波，徐飞. 基于多目标群决策迭代算法的PPP项目合作伙伴选择 [J]. 系统管理学报，2011（6）: 53-58.

[95] 刘江帆，薛雄志. 流域综合治理PPP项目政府选择社会资本方式及要求 [J]. 建筑

经济, 2016, 37（10）: 54-57.

[96] 梅新育. 产业升级的三大误区 [J]. 中国经济信息, 2017（8）: 18-22.

[97] 李健, 关瑜, 任继勤. 发达国家环境治理及钢铁产业升级转型对我国京津冀地区的借鉴 [J]. 北京化工大学学报（社会科学版）, 2017（2）: 6-11.

[98] 朱德举, 卢艳霞, 刘丽. 土地开发整理与耕地质量管理 [J]. 农业工程学报, 2002（4）: 180-184.

[99] 刘卫东. 中国城市土地开发及其供给问题研究 [J]. 城市规划, 2002（11）: 37-40.

[100] 中国房地产估价师与房地产经纪人学会. 房地产开发经营与管理 [M]. 北京: 中国建筑工业出版社, 2005.

[101] 杨东. 房地产开发项目全过程成本控制 [J]. 建筑经济, 2006（8）: 71-74.

[102] 沈悦, 刘洪玉. 中国房地产开发投资与 GDP 的互动关系 [J]. 清华大学学报（自然科学版）, 2004, 44（9）: 1205-1208.

[103] 刘洪玉, 江懿. 房地产开发企业的价值链与企业发展战略 [C]. 中国房地产估价师 2001 年第 4 期（总第 29 期）, 2001.

[104] 刘雁红. 中国城镇化建设的现状及其对策分析 [J]. 山西广播电视大学学报, 2017（1）: 106-109.

[105] 方创琳. 改革开放 40 年来中国城镇化与城市群取得的重要进展与展望 [J]. 经济地理, 2018, 38（9）: 1-9.

[106] 熊鹰, 何超. 高房价阻碍了中国城镇化进程吗? ——基于户籍制度和土地供给的视角 [J]. 江汉论坛, 2019（8）: 38-45.

[107] 覃娜, 陈潇源, 张明. 智慧城市政府治理的国际实践及启示 [J]. 智富时代, 2018（6）: 94-94.

[108] 李辉, 刘春艳, LIHui, 等. 日本与韩国城市化及发展模式分析 [J]. 现代日本经济, 2008（4）: 46-50.

[109] 王小鲁. 中国经济增长的可持续性与制度变革 [J]. 经济研究, 2000（7）: 3-15.

[110] 张同斌. 从数量型"人口红利"到质量型"人力资本红利"——兼论中国经济增长的动力转换机制 [J]. 经济科学, 2017（5）: 5-17.

[111] 任韬, 阮敬, 张潇潭. 中国经济增长过程中的生产要素配置扭曲 [J]. 数理统计与管理, 2018（5）: 785-795.

[112] 程名望, 贾晓佳, 仇焕广. 中国经济增长（1978—2015）: 灵感还是汗水?[J]. 经济研究, 2019（7）: 30-46.

[113] 李翔, 邓峰. 中国产业结构优化对经济增长的实证分析 [J]. 工业技术经济, 2017, 36（2）: 3-9.